LIBERTAD: ESTILO DE VIDA

Krisann Nething

Libertad Estilo de Vida Manual de Entrenemiento
Publicado por Lifestyle of Liberty Ministry
Houston, Texas
www.lifestyleoflibertyministry.org

Copyright ©2016 por Krisann Nething
ISBN: 978-0-9972407-2-6

Publicado orgninalmente en inglés con el título Lifestyle of Liberty Workbook
ISBN: 978-0-9972407-0-2
Copyright ©2016 por Krisann Nething
Publicado por Lifestyle of Liberty Ministry

Reservados todos los derechos. Prohibida la reproducción total o parcial, ya sea mimeografiada o por otros medios, sin la previa autorización escrita de Lifestyle of Liberty Ministry.

Citas de las escrituras tomado de La Biblia de las Americas, copyright 1986, The Lockman Foundation, La Habra, CA 90631. Derechos reservados. Quedan reservados en todos los países los derechos de reproducción y adaptación.

El deseo del corazón de Krisann es honrar a los varios ministerios que han tenido mucho impacto en su vida a través de los años, incluyendo, Exchanged Life, Restoring the Foundations y Encounter God. La combinación de este material precioso, y junto con más de 25 años de ministración y experiencias personales han resultado en este estudio que tiene el propósito de librar a los cautivios. Su oración es que Dios bendiga a este estudio y qu lo lleve a donde El quiera.

Krisann quisiera dedicar esta obra a:

    Gary Nething, su esposo y mejor amigo, a quien admira muchísimo. Es su primer "aficionado" y quien más la anima. Ella aprecia y disfruta tanto de su compañerismo en la vida y el ministerio.

    Gabi Soltau, siempre una amiga fiel, quien le animó en la creación de Libertad: Estilo de Vida.

    Pastor Fernando Ruata, quien apoyaba a Krisann de manera personal y a la visión de Libertad: Estilo de Vida, haciendo que llegara a la iglesia.

    Wendy Keen, quien tomó las notas de la clase, y guiada por el Espíritu, las transformó en el primer libro de trabajo.

    Karlene Owston, su hija, quien fue de mucho animó además de ayuda con las ediciones y la traducción.

    Paula Domínguez, quien con un corazón grande y humilde, y su ojo a detalle, fue instrumental al éxito de la traducción de este libro al Español.

Krisann y su familia fueron misioneros a España durante 10 años. Gary y Krisann son miembros de Encourager Church en Houston, Tejas donde han servido durante muchos años en Healing Rooms y el ministerio de Restoring the Foundations. Tienen tres hijos mayores.

¡Verdaderamente, para libertad fue que Cristo nos hizo libres! Que Dios te bendiga en tu camino, mientras estés transformado de gloria en gloria. Estoy orando por ti.
— Krisann

Al no esperar la perfección, de mi mismo, ni de otros, libera la gracia.

Al no mirar hasta cuando se mejoren las cosas, libera la gratitud.

Entender que no debemos esperar que el camino aquí esté libre de dificultades aumenta la satisfacción y abre mi corazón a la Presencia de Dios.

Tabla de Contenido

Capítulo Uno
Bases para Cambiar..1

Capítulo Dos
Poder para la Victoria...9

Capítulo Tres
Entendiendo Nuestra Lucha...19
Practica: Puertas Abiertas de Ocultismo, Enfermedades, Idolatría, Rebelión, Adicciones/Dependencias, Fugarse, Problemas Financieros, Burlarse, Sin Motivación

Capítulo Cuatro
Arrepentimiento/Perdón..27
"Pensamientos Verdaderos" sobre Perfección y Orgullo
Practica: Puertas Abiertas de Rendimiento, Vergüenza, Emociones Atadas, Indignidad, Depresión, Dependencia Emocional, Fracaso, Orgullo, Religión

Capítulo Cinco
Los Votos y El Juicio..37
"Pensamientos Verdaderos" sobre Abandono y Rechazo
Practica: Puertas Abiertas de Abandono, Desatender, Vivir Como Huérfano, Rechazo, Victimización, Ansiedad, Muerte, Asuntos de Identidad, Miedo

Capítulo Seis
Uniones del Alma..47
"Pensamientos Verdaderos" sobre el Enojo
Practica: Puertas Abiertas de Enojo, Amargura, Decepción, Pena/Duelo, Problemas Mentales, Trauma, Incredulidad, Violencia, Control, Esclavitud Sexual

Capítulo Siete
Renovando la Mente..55
"Pensamientos Verdaderos" sobre Rebelión
Practica: Renovando la Mente

Capítulo Ocho
La Conexión entre Vergüenza, el Miedo y el Control..................69
"Pensamientos Verdaderos" sobre Miedo e Incredulidad
Practica: Renovando la Mente

Capítulo Nueve
Sanando Heridas/Memorias del Pasado...............................77
Practica: Heridas del Pasado

Capítulo Diez
Opresión Demoníaca..85
Practica: Opresión Demoníaca, Todas las Puertas Abiertas

Capítulo Once
Semana de Modelo..91
Practica: Heridas del Pasado

Capítulo Doce
Claves para Caminar en Victoria..97
Oraciones..101
Puertas Abiertas...109
Notas Finales..117

Capítulo Uno

Bases para Cambiar

Capítulo 1 — Bases para Cambiar

Mirando Nuestras Elecciones
Esto Es el Resumen Y el Mensaje

Gálatas 5:16 Digo, pues: Andad por el Espíritu, y no cumpliréis el deseo de la carne.

> ¿Que sucedió cuando fui salvo?

Primero contestemos la pregunta: *¿Por qué tenía que ser salvo?*

2 problemas:

Nuestro pecado

Nuestro espíritu (que estaba muerto)

El Problema del Pecado: Nuestras Elecciones

Isaías 59:2 Pero vuestras iniquidades han hecho separación entre vosotros y vuestro Dios, y vuestros pecados han hecho esconder su rostro de vosotros para no escucharos.

2 arboles que representan nuestras elecciones

La vida egoísta vs. La vida eterna

La carne es todo lo que soy aparte de Cristo

El Problema de Nuestro Espíritu Muerto

Efesios 2:1 Y El os dio vida a vosotros, que estabais muertos en vuestros delitos y pecados...

Identidad

Manera de relacionarnos con Dios

La Fuente de Nuestra Carne

¿Que es la carne y de donde proviene?

El hombre está formado en tres partes: cuerpo, alma, espíritu

1Tesalonicenses 5:23 Y que el mismo Dios de paz os santifique por completo; y que todo vuestro ser, espíritu, alma y cuerpo, sea preservado irreprensible para la venida de nuestro Señor Jesucristo.

2 Claves de la Victoria

*El Señorío de Cristo

*El Amor de Dios

Bases para Cambiar

La Solución de Dios

Colosenses 2:13 Y cuando estabais muertos en vuestros delitos y en la incircuncisión de vuestra carne, os dio vida juntamente con El, habiéndonos perdonado todos los delitos.
2Corintios 5:21 Al que no conoció pecado, le hizo pecado por nosotros, para que fuéramos hechos justicia de Dios en El.

Notas:

_____
_____
_____
_____
_____
_____
_____
_____
_____
_____
_____
_____
_____
_____
_____
_____

> **Andad por el Espíritu, y no cumpliréis el deseo de la carne.**
> Gálatas 5:16

CARNE	ESPÍRITU
DESOBEDIENCIA	OBEDIENCIA
INDEPENDENCIA	DEPENDENCIA
ESCLAVITUD	LIBERTAD
LA LEY	GRACIA
HECHO/SUCESO	VERDAD
REGLAS	RELACIONES
MUERTE	VIDA

La carne es todo lo que soy sin Cristo.

LIBERTAD: ESTILO DE VIDA

ESFORZARSE	RELACIONARSE
HACER	SER
Competir	Preferir/Animar
TEMER	CONFIAR

PERSONA ANTES DE LA SALVACIÓN

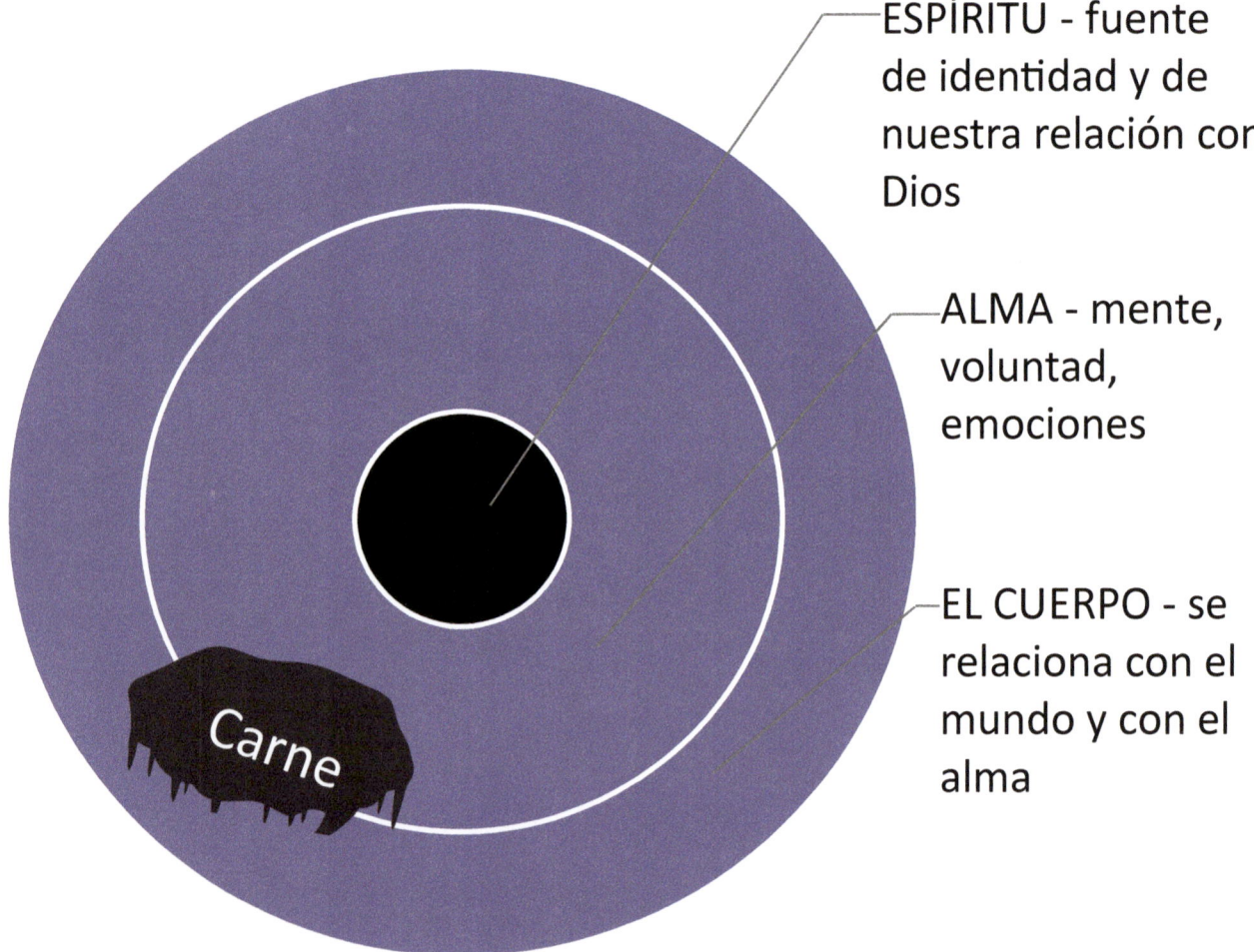

PERSONA DESPUÉS DE LA SALVACIÓN

DIOS

PECADOS PERDONADOS

¡ESPÍRITU VIVO!

ALMA

CUERPO

Carne

Capítulo Dos

Poder para la Victoria

Capítulo 3 — Poder para La Victoria

Una Mirada a Adán y la Vida Eterna

Adán

1Corintios 15:21-22 Porque ya que la muerte entró por un hombre, también por un hombre vino la resurrección de los muertos. Porque así como en Adán todos mueren, también en Cristo todos serán vivificados.

Romanos 5:12-19 (redacción) PECARON: Por tanto, tal como el pecado entró en el mundo por un hombre, y la muerte por el pecado, así también la muerte se extendió a todos los hombres, porque todos pecaron - MURIERON: (espiritualmente) Porque si por la transgresión de uno murieron los muchos...FUERON CONDENADOS: porque ciertamente el juicio surgió a causa de una transgresión, resultando en condenación; Así pues, tal como por una transgresión resultó la condenación de todos los hombres, FUERON CONSITUIDOS PECADORES: Porque así como por la desobediencia de un hombre los muchos fueron constituidos pecadores.

Vida Eterna

1Juan 1:2 (pues la vida fue manifestada, y nosotros la hemos visto y damos testimonio y os anunciamos la vida eterna, la cual estaba con el Padre y se nos manifestó).

1Juan 5:12 El que tiene al Hijo tiene la vida, y el que no tiene al Hijo de Dios, no tiene la vida.

1Juan 5:20 Este es el verdadero Dios y la vida eterna.

La Linea de Tiempo de Cristo:
eternidad pasada, nacimiento, muerte, resurrección y eternidad futura

Colosenses 1:16 Porque en El fueron creadas todas las cosas... todo ha sido creado por medio de El y para El.

Filipenses 2:7 sino que se despojó a sí mismo tomando forma de siervo, haciéndose semejante a los hombres.

Juan 1:14 Y el Verbo se hizo carne, y habitó entre nosotros, y vimos su gloria, gloria como del unigénito del Padre, lleno de gracia y de verdad.

Romanos 5:8 Pero Dios demuestra su amor para con nosotros, en que siendo aún pecadores, Cristo murió por nosotros.

Efesios 1:20 el cual obró en Cristo cuando le resucitó de entre los muertos y le sentó a su diestra en los lugares celestiales...

Filipenses 2:9 Por lo cual Dios también le exaltó hasta lo sumo, y le confirió el nombre que es sobre todo nombre...

Poder para la Victoria

Vida Eterna (cont.)

Nuestra Linea de Tiempo en Cristo:

Efesios 1:4 según nos escogió en El antes de la fundación del mundo, para que fuéramos santos y sin mancha delante de El.

Gálatas 2:20 Con Cristo he sido crucificado...

Romanos 6:4-5 Por tanto, hemos sido sepultados con El por medio del bautismo para muerte, a fin de que como Cristo resucitó de entre los muertos por la gloria del Padre, así también nosotros andemos en novedad de vida. Porque si hemos sido unidos a El en la semejanza de su muerte, ciertamente lo seremos también en la semejanza de su resurrección...

Efesios 2:6 y con El nos resucitó, y con El nos sentó en los lugares celestiales en Cristo Jesús...

Colosenses 3:4 Cuando Cristo, nuestra vida, sea manifestado, entonces vosotros también seréis manifestados con El en gloria.

¡La Vida Eterna Es La Vida de Cristo!

¿Que Ocurre Al Ser Salvo?

Mirando el Traslado y el Nacer de Nuevo

El Traslado

Colosenses 2:13 Y cuando estabais muertos en vuestros delitos y en la incircuncisión de vuestra carne, os dio vida juntamente con El, habiéndonos perdonado todos los delitos...

Colosenses 1:13-14 Porque El nos libró del dominio de las tinieblas y nos trasladó al reino de su Hijo amado, en quien tenemos redención: el perdón de los pecados.

Efesios 2:4-5 Pero Dios, que es rico en misericordia, por causa del gran amor con que nos amó, aun cuando estábamos muertos en nuestros delitos, nos dio vida juntamente con Cristo (por gracia habéis sido salvados)...

1Pedro 3:18 Porque también Cristo murió por los pecados una sola vez, el justo por los injustos, para llevarnos a Dios...

Poder para la Victoria

Nacer de Nuevo

1Pedro 1:23 Pues habéis nacido de nuevo, no de una simiente corruptible, sino de una que es incorruptible, es decir, mediante la palabra de Dios que vive y permanece.

Gálatas 3:16 Ahora bien, las promesas fueron hechas a Abraham y a su descendencia. No dice: y a las descendencias, como refiriéndose a muchas, sino más bien a una: y a tu descendencia, es decir, Cristo.

Gálatas 3:29 Y si sois de Cristo, entonces sois descendencia de Abraham, herederos según la promesa.

Romanos 6:4 Por tanto, hemos sido sepultados con El por medio del bautismo para muerte, a fin de que como Cristo resucitó de entre los muertos por la gloria del Padre, así también nosotros andemos en novedad de vida.

1Pedro 1:3 Bendito sea el Dios y Padre de nuestro Señor Jesucristo, quien según su gran misericordia, nos ha hecho nacer de nuevo a una esperanza viva, mediante la resurrección de Jesucristo de entre los muertos.

¡Tenemos una fuente distinta!

La Victoria

2Corintios 5:17 De modo que si alguno está en Cristo, nueva criatura es; las cosas viejas pasaron; he aquí, son hechas nuevas.

Colosenses 3:3 Porque habéis muerto, y vuestra vida está escondida con Cristo en Dios.

2Pedro 1:3 Pues su divino poder nos ha concedido todo cuanto concierne a la vida y a la piedad.

Gálatas 2:20 Con Cristo he sido crucificado, y ya no soy yo el que vive, sino que Cristo vive en mí; y la vida que ahora vivo en la carne, la vivo por fe en el Hijo de Dios, el cual me amó y se entregó a sí mismo por mí.

Romanos 6:6-8 sabiendo esto, que nuestro viejo hombre fue crucificado con El, para que nuestro cuerpo de pecado fuera destruido, a fin de que ya no seamos esclavos del pecado; porque el que ha muerto, ha sido libertado del pecado.
Y si hemos muerto con Cristo, creemos que también viviremos con El,

Poder para la Victoria

TODO LO QUE ÉL ES, YO SOY
¡Yo no puedo, pero ÉL PUEDE!

No hay nada en mi por lo que el enemigo me puede condenar

Colosenses 2:9-10 Porque toda la plenitud de la Deidad reside corporalmente en El, y habéis sido hechos completos en El, que es la cabeza sobre todo poder y autoridad;

Colosenses 2:13-15 Y cuando estabais muertos en vuestros delitos y en la incircuncisión de vuestra carne, os dio vida juntamente con El, habiéndonos perdonado todos los delitos, habiendo cancelado el documento de deuda que consistía en decretos contra nosotros y que nos era adverso, y lo ha quitado de en medio, clavándolo en la cruz. Y habiendo despojado a los poderes y autoridades, hizo de ellos un espectáculo público, triunfando sobre ellos por medio de El.

Romanos 8:1 Por consiguiente, no hay ahora condenación para los que están en Cristo Jesús, los que no andan conforme a la carne sino conforme al Espíritu.

Miren al los próximos versículos juntos:

Filipenses 3:10 y conocerle a El, el poder de su resurrección y la participación en sus padecimientos, llegando a ser como El en su muerte...

Hebreos 2:14 Así que, por cuanto los hijos participan de carne y sangre, El igualmente participó también de lo mismo, para anular mediante la muerte el poder de aquel que tenía el poder de la muerte, es decir, el diablo.

Notas:

_____

_____

_____

_____

_____

_____

Poder para la Victoria

EL TRASLADO[1]

PORQUE EL NOS LIBRÓ DEL DOMINIO DE LAS TINIEBLAS Y NOS TRASLADÓ AL REINO DE SU HIJO AMADO,
COLOSENSES 1:13

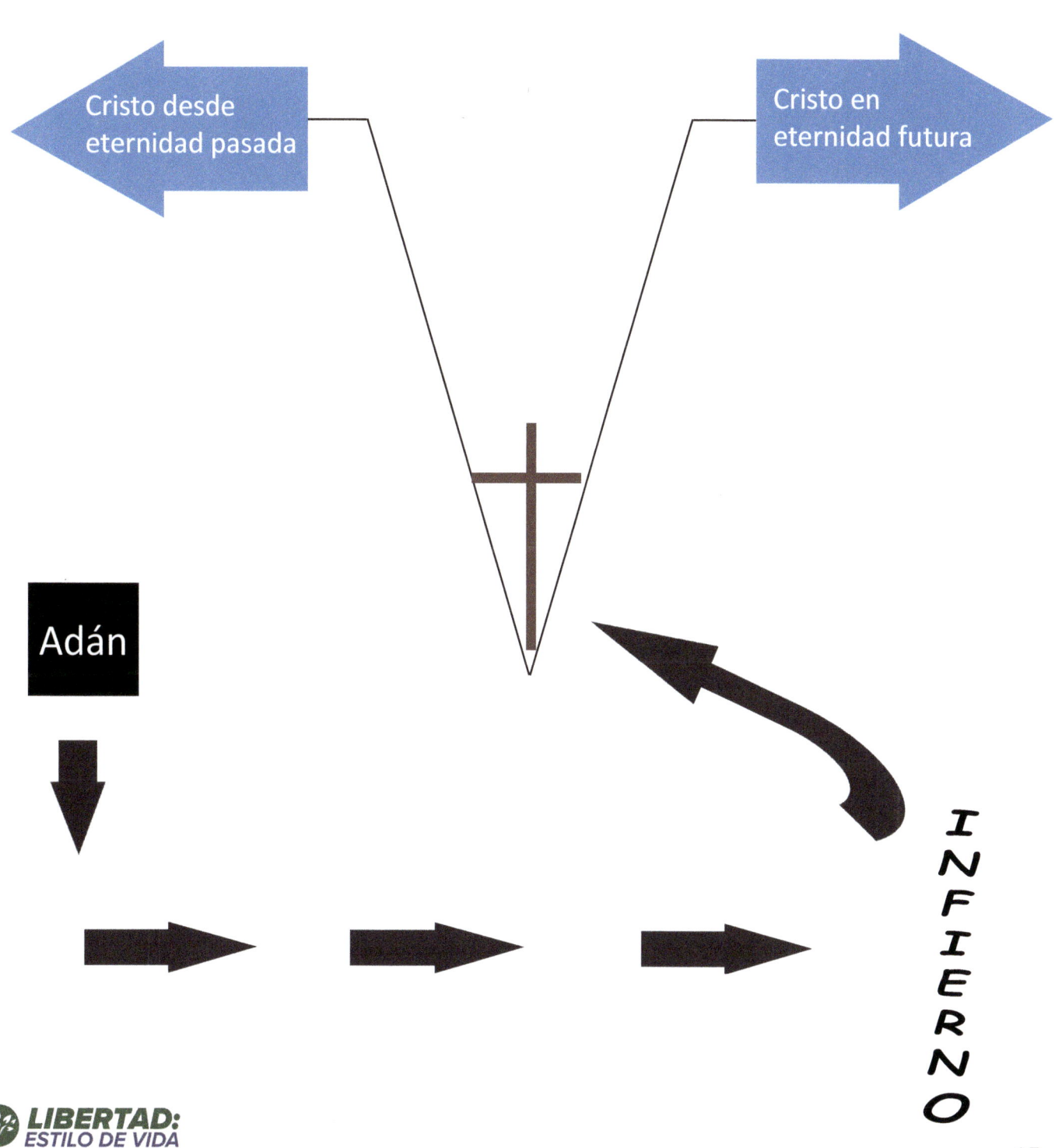

Poder para la Victoria
Responsabilidades en Cuanto a la Carne

¿Que Es la Carne?

- **la identidad falsa**
- **nuestra manera de relacionarnos con Dios y otros antes ser salvos**
- **nuestra manera de enfrentar las dificultades y maneras de protegernos**
- **TODO LO QUE SOY SIN DIOS**
- **el lugar de fortalezas**

Mis Responsabilidades

Eliminar

Colosenses 3:8-9 Pero ahora desechad también vosotros todas estas cosas: ira, enojo, malicia, maledicencia, lenguaje soez de vuestra boca. No mintáis los unos a los otros, puesto que habéis desechado al viejo hombre con sus malos hábitos...

Vestirse

Colosenses 3:10,12 y os habéis vestido del nuevo hombre, el cual se va renovando hacia un verdadero conocimiento, conforme a la imagen de aquel que lo creó; Entonces, como escogidos de Dios, santos y amados, revestíos de tierna compasión, bondad, humildad, mansedumbre y paciencia;

Considerarse

Romanos 6:11 Así también vosotros, consideraos muertos para el pecado, pero vivos para Dios en Cristo Jesús.

Hacer morir

Romanos 8:13 porque si vivís conforme a la carne, habréis de morir; pero si por el Espíritu hacéis morir las obras de la carne, viviréis.

Gálatas 5:24-25 Pues los que son de Cristo Jesús han crucificado la carne con sus pasiones y deseos. Si vivimos por el Espíritu, andemos también por el Espíritu.

Colosenses 3:5 Por tanto, considerad los miembros de vuestro cuerpo terrenal como muertos a la fornicación, la impureza, las pasiones, los malos deseos y la avaricia, que es idolatría...

Capítulo Tres

Entendiendo Nuestra Lucha

Puertas Abiertas:
Ocultismo, Enfermedades, Idolatría, Rebelión, Adicciones/Dependencias, Fugarse, Problemas Financieros, Burlarse, Sin Motivación

Capítulo 3: Entendiendo Nuestra Lucha

Efesios 6:12
Porque nuestra lucha no es contra sangre y carne, sino contra principados, contra potestades, contra los poderes de este mundo de tinieblas, contra las huestes espirituales de maldad en las regiones celestiales.

El Qué, Porqué y Como de Nuestra Lucha
Entendiendo Fortalezas Espirituales

¿Que Es una Fortaleza?

¿Que es una fortaleza?

Pensamientos - muchas veces no son de uno mismo
- Ejemplo de Ananías
    - **Hechos 5:3** Mas Pedro dijo: Ananías, ¿por qué ha llenado Satanás tu corazón para mentir al Espíritu Santo, y quedarte con parte del precio del terreno?

- Una astilla
    - **Romanos 7:17** Así que ya no soy yo el que lo hace, sino el pecado que habita en mí.

- **Colosenses 2:9-10** Porque toda la plenitud de la Deidad reside corporalmente en El y habés sido hechos completos en El,

¿Como Consigue Entrada Satanás?

Los derechos legales que tiene Satanás: puertas de abiertas

- maldiciones y pecados de los antepasado

- pecado habitual

- falta de perdón

- trauma

- ocultismo

Entendiendo Nuestra Lucha

¿Como Vencemos a Satanás?

Colosenses 2:23 Tales cosas tienen a la verdad, la apariencia de sabiduría en una religión humana, en la humillación de sí mismo y en el trato severo del cuerpo, pero carecen de valor alguno contra los apetitos de la carne.

2Corintios 10:4-5 porque las armas de nuestra contienda no son carnales, sino poderosas en Dios para la destrucción de fortalezas; destruyendo especulaciones y todo razonamiento altivo que se levanta contra el conocimiento de Dios, y poniendo todo pensamiento en cautiverio a la obediencia de Cristo.

Efesios 6:10 Por lo demás, fortaleceos en el Señor y en el poder de su fuerza.

2 de nuestras Armas

Arrepentimiento y Perdón

- Confiesa tus pecados y sé limpiado
- Confesaos vuestros pecados unos a otros para que seáis sanados

1 Juan 1:9 Si confesamos nuestros pecados, El es fiel y justo para perdonarnos los pecados y para limpiarnos de toda maldad.

Santiago 5:16 Por tanto, confesaos vuestros pecados unos a otros, y orad unos por otros para que seáis sanados. La oración eficaz del justo puede lograr mucho.

Santiago 4:7 Por tanto, someteos a Dios. Resistid, pues, al diablo y huirá de vosotros.

Pecados de los Padres

El Concepto

Exodo 34:6-7 Entonces pasó el SEÑOR por delante de él y proclamó: El SEÑOR, el SEÑOR, Dios compasivo y clemente, lento para la ira y abundante en misericordia y fidelidad; el que guarda misericordia a millares, el que perdona la iniquidad, la transgresión y el pecado, y que no tendrá por inocente al culpable ; el que castiga la iniquidad de los padres sobre los hijos y sobre los hijos de los hijos la tercera y cuarta generación.

Iniquidad:

Maldición:

Bendición:

Entendiendo Nuestra Lucha

Pecados de los Padres
(continuado)

Deuteronomio 24:16 Los padres no morirán por sus hijos, ni los hijos morirán por sus padres; cada uno morirá por su propio pecado.

Exodo 20:4-6 No te harás ídolo, ni semejanza alguna de lo que está arriba en el cielo, ni abajo en la tierra, ni en las aguas debajo de la tierra. No los adorarás ni los servirás; porque yo, el SEÑOR tu Dios, soy Dios celoso, que castigo la iniquidad de los padres sobre los hijos hasta la tercera y cuarta generación de los que me aborrecen, y muestro misericordia a millares, a los que me aman y guardan mis mandamientos.

La Solución

Levítico 26:40-42 "Si confiesan su iniquidad y la iniquidad de sus antepasados, por las infidelidades que cometieron contra mí, y también porque procedieron con hostilidad contra mí (yo también procedía con hostilidad contra ellos para llevarlos a la tierra de sus enemigos), o si su corazón incircunciso se humilla, y reconocen sus iniquidades, entonces yo me acordaré de mi pacto con Jacob, me acordaré también de mi pacto con Isaac y de mi pacto con Abraham, y me acordaré de la tierra.

Arrepentimiento de Identidad

Daniel 9

Nehemiás 9

Ezra 9

Apropiándose del Poder de la Cruz

Toma la cruz de Cristo y ponla entre tú y las generaciones pasadas

Colosenses 2:6 Por tanto, de la manera que recibisteis a Cristo Jesús el Señor, así andad en El.

Colosenses 2:14 habiendo cancelado el documento de deuda que consistía en decretos contra nosotros y que nos era adverso, y lo ha quitado de en medio, clavándolo en la cruz.

Gálatas 3:13 Cristo nos redimió de la maldición de la ley, habiéndose hecho maldición por nosotros (porque escrito está: MALDITO TODO EL QUE CUELGA DE UN MADERO).

Entendiendo Nuestra Lucha

Notas:

Oración

Oración:
Pecado Personal y de las Generaciones Pasadas[2]

1) Confieso el pecado de mis ancestros, mis padres, y mi propio pecado de _____ _____.

2) Confieso específicamente que he pecado en esta manera: _____.

3) Me arrepiento de este pecado. Me arrepiento por haber recibido el espíritu de _____.
   Te pido que me perdones, Señor, por este pecado, por rendirme ante ello y a las maldiciones resultantes.

4) **Recibo tu perdón. Te doy gracias. Basado en Tu perdón, Señor, es mi decisión perdonarme a mi mismo por involucrarme en este pecado.

5) Elijo perdonar a los que me han herido y desatarlos del pecado, las maldiciones, y las consecuencias de los mismos en mi vida.

6) Renuncio al pecado y las maldiciones de _____. Rompo este poder en mi vida, y en las vidas de mis descendientes a través de la obra redentora de Cristo en la cruz.

7) Recibo la libertad de Dios de este pecado y de las maldiciones resultantes. Gracias, Señor, que en lugar de este pecados Tú me das _____. ¡Lléname!

Si estás trabajando con un compañero sustituye lo siguiente por #5

Oración del compañero:
   (nombre de la persona), La Palabra de Dios nos promete que "si confesamos nuestros pecados, El es fiel y justo para perdonarnos los pecados y para limpiarnos de toda maldad." Así que, declaro en el Nombre de Jesús, que estás completamente perdonado. ¿Recibes el perdón de Dios? Te perdonas a ti mismo?[3]

Capítulo Cuatro

Arrepentimieto/ Perdón

"Pensamientos Verdaderos" sobre Perfección y Orgullo

Puertas Abiertas:
Rendimiento, Vergüenza, Emociones Atadas, Indignidad, Depresión, Dependencia Emocional, Fracaso, Orgullo, Religión

Capítulo 4 — Arrepentimiento/El Perdón

El papel del Arrepentimiento

¿Qué Es la Confesión?

- Asentir, reconocer y ponerse completamente de acuerdo con Dios

¿Qué Es el Arrepentimiento?

- Pensar de modo distinto, cambiar de dirección

- no es remordimiento

- **2Corintios 7:10** Porque la tristeza que es conforme a la voluntad de Dios produce un arrepentimiento que conduce a la salvación, sin dejar pesar; pero la tristeza del mundo produce muerte.

- Cuanto más tomas responsabilidad de tu pecado, más profunda es la libertad que consigues

- Decir "lo siento" no es suficiente

- El papel de la vergüenza

- **1Juan 1:10** Si decimos que no hemos pecado, le hacemos a El mentiroso y su palabra no está en nosotros.

- Pecado habitual lleva a la esclavitud

- **Romanos 6:15** ¿Entonces qué? ¿Pecaremos porque no estamos bajo la ley, sino bajo la gracia? ¡De ningún modo! ¿No sabéis que cuando os presentáis a alguno como esclavos para obedecerle, sois esclavos de aquel a quien obedecéis, ya sea del pecado para muerte, o de la obediencia para justicia?

El Papel del Perdón

Incluyendo la Necesidad, el Motivo, la Demanda, la Definición, la Ayuda, el Método, y la Continuación

La Necesidad del Perdón

Somos heridos en esta vida

La personas heridas, hieren a los demás

Arrepentimiento/El Perdón

La Necesidad del Perdón (cont.)

Jesús nos ofrece un intercambio - integridad

Isa 61:1-3 El Espíritu del Señor DIOS está sobre mí, porque me ha ungido el SEÑOR para traer buenas nuevas a los afligidos; me ha enviado para vendar a los quebrantados de corazón, para proclamar libertad a los cautivos y liberación a los prisioneros; para proclamar el año favorable del SEÑOR, y el día de venganza de nuestro Dios; para consolar a todos los que lloran, para conceder que a los que lloran en Sion se les dé diadema en vez de ceniza, aceite de alegría en vez de luto, manto de alabanza en vez de espíritu abatido; para que sean llamados robles de justicia, plantío del SEÑOR, para que El sea glorificado.

El Motivo del Perdón

Jesús murió tanto por los males que hicimos como por los males que nos han hecho

Isaías 53:5 Mas El fue herido por nuestras transgresiones, molido por nuestras iniquidades. El castigo, por nuestra paz, cayó sobre El, y por sus heridas hemos sido sanados. Todos nosotros nos descarriamos como ovejas, nos apartamos cada cual por su camino; pero el SEÑOR hizo que cayera sobre El la iniquidad de todos nosotros.

Gálatas 2:21 No hago nula la gracia de Dios, porque si la justicia viene por medio de la ley, entonces Cristo murió en vano.

- El Ejemplo de José (Génesis 50:19)

- Perdonamos para <u>nuestro propio bienestar</u>

- El Perdón <u>nos libera</u> cuando liberamos a quien nos ofendió, rompiendo un yugo espiritual que nos esclaviza

La Demanda de Dios por el Perdón

Marcos 11:25 Y cuando estéis orando, perdonad si tenéis algo contra alguien, para que también vuestro Padre que está en los cielos os perdone vuestras transgresiones.

Mateo 18:22 Jesús le dijo: No te digo hasta siete veces, sino hasta setenta veces siete

Mateo 18:34 Y enfurecido su señor, lo entregó a los verdugos hasta que pagara todo lo que le debía.

Arrepentimiento/El Perdón

La Definición del Perdón

- Anular la deuda
- Perdonar sin requerir recompensa ni pena
- Soltar/separarse del delincuente
- Elegir vivir con las consecuencias de las acciones de otra persona
- Elegir no (querer) herir la os que te han lastimado
- No significa confiar
- Es un acto de la voluntad, no de las emociones

La Ayuda del Perdón

El Espíritu Santo

Romanos 8:26-27 Y de la misma manera, también el Espíritu nos ayuda en nuestra debilidad; porque no sabemos orar como debiéramos, pero el Espíritu mismo intercede por nosotros con gemidos indecibles…porque El intercede por los santos conforme a la voluntad de Dios.

- Entendiendo la debilidad de la persona que te lastimó
- Entendiendo que tu percepción del asunto puede estar equivocada - nublada por la manera en que ves
- Entendiendo tu parte en la muerte de Cristo y Su inmenso perdón hacia ti
- Sabiendo que luchamos contra Satanás y no en contra de las personas. Ellas son "las victimas" y herramientas del enemigo también

El Método del Perdón

- Usa la Hoja de Trabajo del Perdón que se encuentra en página 33
- Pide perdón a Dios por tu falta del perdón hacia los demás (es pecado)
- Separa la persona de la ofensa
- Da a Jesús la ofensa para que Él se encargue de ella
- Decide vivir con las consecuencias del pecado de la otra persona
- Sabes que has perdonado cuando puedes decir:
 "En el día del juicio, no tendré ninguna acusación en contra de esta persona"[A]
- Pide a Dios que Él bendiga a esa otra persona
- Renuncia/suelta a tus expectativas

Arrepentimiento/El Perdón

Caminando en Perdón

- Reemplazar creencias acerca de ti y de tu identidad que no están de acuerdo con Dios
- Desarrollar un corazón compasivo - mira a la gente a través de los ojos de Jesús
- Puede que te ofendan, pero tu no tienes que <u>recibirla</u>

Notas:

Hoja de Trabajo del Perdón

La Persona	La Ofensa	Como te hizo sentir	Lo que te costó

Capítulo 4

En la Vida Auténtica

Tratando con Puertas Abiertas
Resalte: **Actuar, Perfección, Orgullo**

Pensamientos Verdaderos sobre Rendimiento:

- ¿Cuál es la razón por la que actúas?
- ¿Cuál es el papel de identidad en actuar?
- ¿Cuál es el papel de congruencia en actuar?
- ¿Cuál es la diferencia entre celos y envidia/avaricia como concierne al actuar?

Pensamientos Verdaderos sobre Perfección:

Mateo 5:48 Por tanto, sed vosotros perfectos como vuestro Padre celestial es perfecto.

Completo (en carácter moral), mayor de edad,[5]
lo mismo dentro y fuera

- Ejemplo del joven rico
- Ejemplo de Jesús

    Hebreos 2:10 Porque convenía que aquel para quien son todas las cosas y por quien son todas las cosas, llevando muchos hijos a la gloria, hiciera perfecto por medio de los padecimientos al autor de la salvación de ellos.

    Hebreos 5:9 y habiendo sido hecho perfecto, vino a ser fuente de eterna salvación para todos los que le obedecen

Pensamientos Verdaderos sobre el Orgullo:

- "Yo" en el centro

Capítulo Cinco

Los Votos y El Juicio

"Pensamientos Verdaderos" sobre el Abandono y Rechazo

Puertas Abiertas:
Abandono, Desatender, Vivir Como Huérfano, Rechazo, Victimización, Ansiedad, Muerte, Asuntos de Identidad, Miedo

Capítulo 5 — Los Votos y El Juicio

Lo que Dice Dios sobre Votos y el Juicio

La Definición de un Voto

Voto:

Mateo 5:34-37 Pero yo os digo: no juréis de ninguna manera; ni por el cielo, porque es el trono de Dios; ni por la tierra, porque es el estrado de sus pies; ni por Jerusalén, porque es las ciudad del gran rey. Ni jurarás por tu cabeza, porque no puedes hacer blanco o negro ni un solo cabello. Antes bien, sea vuestro hablar: "Sí, sí" o "No, no"; y lo que es más de esto, procede del mal.

Santiago 5:12 Y sobre todo, hermanos míos, no juréis, ni por el cielo, ni por la tierra, ni con ningún otro juramento; antes bien, sea vuestro sí, sí, y vuestro no, no, para que no caigáis bajo juicio.

La Definición del Juicio (Juzgar)

Juzgar:

¿Cuál es el costo de nuestro juicio?

Una Mirada Práctica

Leyes Espirituales/Consecuencias del Juicio

1) Seremos juzgados

   Mateo 7:1-2 No juzguéis para que no seáis juzgados. Porque con el juicio con que juzguéis, seréis juzgados; y con la medida con que midáis, se os medirá.

2) Recibiremos el mismo problema recurrente en nuestras vidas

   Lucas 6:37-38 No juzguéis, y no seréis juzgados; no condenéis, y no seréis condenados; perdonad, y seréis perdonados. Dad, y os será dado; medida buena, apretada, remecida y rebosante, vaciarán en vuestro regazo. Porque con la medida con que midáis, se os volverá a medir.

3) Llegaremos a ser como la persona al cual juzgamos

   Romanos 2:1 Por lo cual no tienes excusa, oh hombre, quienquiera que seas tú que juzgas, pues al juzgar a otro, a ti mismo te condenas, porque tú que juzgas practicas las mismas cosas.

Los Votos y El Juicio

Leyes Espirituales/Consecuencias del Juicio *(cont.)*

4) Nos ponemos en el lugar de Dios

> **Romanos 14:4** ¿Quién eres tú para juzgar al criado de otro? Para su propio amo está en pie o cae, y en pie se mantendrá, porque poderoso es el Señor para sostenerlo en pie.

5) Hay una sucesión hacia un corazón huérfano. El juicio nos corta nuestra herencia. Cuando juzgamos a nuestros padres, los deshonramos y la vida no nos irá bien en aquella área

> **Deuteronomio 5:16** "Honra a tu padre y a tu madre, como el SEÑOR tu Dios te ha mandado, para que tus días sean prolongados y te vaya bien en la tierra que el SEÑOR tu Dios te da.

6) Ensuciamos a muchos

> **Hebreos 12:15** Mirad bien de que nadie deje de alcanzar la gracia de Dios; de que ninguna raíz de amargura, brotando, cause dificultades y por ella muchos sean contaminados.

7) Nuestro juicio se convierte en votos y maldiciones

> **Santiago 3:9-10** Con ella bendecimos a nuestro Señor y Padre, y con ella maldecimos a los hombres, que han sido hechos a la imagen de Dios; de la misma boca proceden bendición y maldición. Hermanos míos, esto no debe ser así.

Indicadores del Juicio

Declaraciones que pueden mostrar que un juicio ocurrió:

Yo nunca haría_____.

_____ no está bien. Está mal.

El debe……./no debe……..

Esto es ___(una evaluación negativa)_____.

No puedo creer que _____.

El tiene que cambiar (o estaré molesto hasta que lo haga)

El/Ella/Usted es tan_____.

Experiencias que pueden mostrar que hay un espíritu de juicio:

Un espíritu astuto (cosa buena)

Un área insatisfecha/disgustada

Áreas negativas en la vida de tu esposo/a que parecen a las áreas negativas de uno de tus padres

Los Votos y El Juicio

Indicadores del Juicio (cont.)

Experiencias que pueden mostrar que un hay un espíritu de juicio: (cont)

- Cualquier área en que te sientes juzgado
- Cualquier área que no puedes cambiar: sigues actuando de la misma manera (negativa), tienes las mismas decepciones, obstáculos, y un mismo tipo de persona siempre te vuelve loco
- Los mismos problemas se repiten
- Una persona cerca de ti actúa en forma distinta a su carácter normal

Pasos hacia la Libertad

- Pídele a Dios que te revele a quién juzgaste (o estás juzgando) - puede que seas tu mismo/a
- Pregúntale a Dios por alguna recompensa que estás recibiendo que impida querer arrepentirse del juicio
- Ora para romper el juicio (usa la oración en la página siguiente)
- Renuncia cada pensamiento de juicio cuando se te venga a la mente

Notas:

_____
_____
_____
_____
_____
_____

Oración

Oración para Romper El Juicio

1) Confieso mi pecado y pido que me perdones por haber juzgado a_____ al pensar/sentir o decir que_____.

2) Perdono a_____por cualquier "hecho"/ofensa que contribuyó a mis juicios.

3) Ya no estoy de acuerdo con este juicio. Lo odio y lo renuncio. Rompo y destruyo el poder/derecho legal que di al enemigo para llevar a cabo los efectos de este juicio.

4) Gracias por la cruz de Cristo y su sangre derramada. Tomo la cruz de Cristo y la pongo entre los juicios y _____. También la pongo entre los juicios yo mismo.

5) Libero al Espíritu Santo para que ministre a la necesidad que tiene la otra persona que es la raíz de su comportamiento. Libero sanidad.

6) Recibo sanidad para mi mismo.

Capítulo 5

En la Vida Auténtica

Tratando con Puertas Abiertas
Resalte: **Abandono y Rechazo**

Tratando con el Abandono:

Salmos 27:10 Porque aunque mi padre y mi madre me hayan abandonado, el SEÑOR me recogerá.

Salmos 22:10 A ti fui entregado desde mi nacimiento; desde el vientre de mi madre tú eres mi Dios.

Hay que pensar no en lo que nos hicieron los demás, pero en lo que ha hecho Dios.

Salmos 62:8 Confiad en El en todo tiempo, oh pueblo; derramad vuestro corazón delante de El; Dios es nuestro refugio.

Tratando con el Rechazo:

(la palabra rhema de Dios para mi:)

Salmos 71:5-6 porque tú eres mi esperanza; oh Señor DIOS, tú eres mi confianza desde mi juventud. De ti he recibido apoyo desde mi nacimiento; tú eres el que me sacó del seno de mi madre; para ti es continuamente mi alabanza.

Debemos entender la importancia de arrepentirnos por el HABER RECIBIDO un espíritu.

Capítulo Seis

Uniones del Alma

"Pensamientos Verdaderos" sobre El Enojo

Puertas Abiertas:
Enojo, Amargura, Decepción, Pena/Duelo, Problemas Mentales, Trauma, Incredulidad, Violencia, Control, Esclavitud Sexual

Capítulo 6 — Uniones del Alma

¿Que son Uniones del Alma?

Dios Nos Creó para Uniones y Relaciones Provenientes de Él (esposo/esposa, padre/hijo)

El Pacto del Matrimonio Es una Sana Unión del Alma

Efesios 5:31 POR ESTO EL HOMBRE DEJARA A SU PADRE Y A SU MADRE, Y SE UNIRA A SU MUJER, Y LOS DOS SERÁN UNA SOLA CARNE.

Una unión del alma (que no proviene de Dios) enlaza una persona con otra en un pacto. Estas uniones provienen de relaciones insalubres sean físicas, emocionales o espirituales.

Ejemplos Bíblicos:

David/Jonatán y Noemí/Rut son ejemplos de uniones piadosas

1Samuel 18:1-3 Y aconteció que cuando él acabó de hablar con Saúl, el alma de Jonatán quedó ligada al alma de David, y Jonatán lo amó como a sí mismo. Y Saúl lo tomó aquel día y no lo dejó volver a casa de su padre. Entonces Jonatán hizo un pacto con David, porque lo amaba como a sí mismo.

Rut 1:14 Y ellas alzaron sus voces y lloraron otra vez; y Orfa besó a su suegra, pero Rut se quedó con ella.

La unión del alma entre Israel y Benjamín

Génesis 44:30-31 Ahora pues, cuando yo vuelva a mi padre, tu siervo, y el muchacho no esté con nosotros, como su vida está ligada a la vida del muchacho, sucederá que cuando él vea que el muchacho no está con nosotros, morirá. Así pues, tus siervos harán descender las canas de nuestro padre, tu siervo, con dolor al Seol.

Dios Toma Muy en Serio los Pactos; No los Rompe - ni siquiera los que Son Hechos con el Enemigo

El pacto de Josué con los Gabaonitas: Josué 9:3-27, 2 Sam 21:1-3

Uniones del Alma

Ataduras Impías del Alma Vienen con Varias Relaciones Sexuales y Relaciones Disfuncionales

1Corintios 6:16 ¿O no sabéis que el que se une a una ramera es un cuerpo con ella? Porque El dice: LOS DOS VENDRÁN A SER UNA SOLA CARNE.

Ataduras impías del alma como resultado de relaciones impropias

Estas relaciones impías pueden incluir relaciones con:
- Mujer
- Hombre
- Ídolo
- Imagen pornográfica
- Un muerto
- Un animal
- Un ser espiritual (incubus y súcubo)

Síntomas que indican que puede haber ataduras impías del alma:
- Dificultades matrimoniales
- Problemas emocionales (incluyendo control, pasividad, enojo, culpar, miedo)
- Preocupaciones
- Problemas en relaciones

"Te casas" con los demonios de la otra persona

Pasos para Romper Uniones Impías Del Alma

- Primero arrepiéntete por pecado sexual
- Perdona a cada persona con quien estuviste involucrado que ya ha resultado en una unión impía
- Ora la oración en la página siguiente para romper estas uniones
- Está listo para devolver cualquier regalo representativo que has recibido
- Está dispuesto y consciente para caminar en santidad

Oración

Oración de Sumisión y Renuncia de Ataduras Impías del Alma

Me someto completamente a la autoridad del Señor Jesucristo. Confieso y renuncio toda conexión/atadura del alma, tanto emocional, espiritual, como sexual no proveniente de Dios. Pido que me perdones todos los pecados que resultaron en estas conexiones. Recibo este perdón y me perdono a mi mismo/a. Gracias por perdonarme y limpiarme.

Rompo/desato las ataduras del alma y unión con_____. Lo/la perdono.
Me libero de el/ella y lo/la libero de mí.
Recibo de vuelta las cosas que le di (sean específicos).
Devuelvo las cosas que recibí (sean específicos).
Renuncio a los pactos/votos que hice.
Pido que esa persona llegue a ser todo que Tú has destinado que sea y también yo llegue a ser todo que Tú has destinado que yo sea.

Renuncio y rompo toda atadura del alma no proveniente de Dios y rompo cada autoridad que di a los demonios. Ato todos los poderes de oscuridad que vinieron a través de esta unión y les ordeno ir a donde Jesús diga.

Pongo la sangre de Cristo entre mi persona y cada persona mencionada. Renuncio a cada demonio enviado para mantener estas ataduras del alma.

Señor, limpia mi mente y mis emociones. Llena estas áreas con tu presencia y Espíritu Santo. Gracias por haberme restaurado íntegramente.

Uniones del Alma

Notas:

En la Vida Auténtica

> ## Tratando con Puertas Abiertas
> *Resalte:* **El Enojo**

1. <u>El Papel de Las Metas</u>

2. <u>El Papel de Interpretación (mentiras)</u>

3. <u>La Escalera del Enojo</u>[7]

    1. Buscando resolución
    2. Comportamiento agradable
    3. Enfocando el enojo solamente en la causa principal
    4. Hablando solamente de la queja principal
    5. Pensando lógicamente y constructivamente
    6. Comportamiento desagradable y ruidoso
    7. Maldiciendo
    8. Desplazando el enojo a fuentes que no son la original
    9. Hablando de cosas/quejas no relacionadas
    10. Tirando cosas
    11. Destruyendo posesiones
    12. Abuso verbal
    13. Comportamiento que es destructivo emocionalmente
    14. Abuso físico
    15. Comportamiento pasivo-agresivo

Capítulo Siete

Renovando la Mente

"Pensamientos Verdaderos" sobre Rebelión

Práctica:
Renovando la Mente

Capítulo 7 — Renovando la Mente

Como Renovar la Mente y Reemplazar Creencias Erróneas

Creencias Erróneas Son:

- creencias
- actitudes
- entendimientos
- expectativas

*Sobre nosotros mismos, otras personas o Dios

*No están de acuerdo con Dios - Su naturaleza, Su carácter o Su Palabra

Que Hay que Hacer con las Creencias Erróneas

2Corintios 10:5 destruyendo especulaciones y todo razonamiento altivo que se levanta contra el conocimiento de Dios, y poniendo todo pensamiento en cautiverio a la obediencia de Cristo.

Romanos 12:2 Y no os adaptéis a este mundo, sino transformaos mediante la renovación de vuestra mente, para que verifiquéis cuál es la voluntad de Dios: lo que es bueno, aceptable y perfecto.

> **Descubrimos nuestras creencias erróneas a través de nuestras reacciones/comportamientos/emociones, no por lo que decimos que pensamos.**

El Papel de la Interpretación

Las mentiras que creemos:[8]

$$A \xrightarrow{B} C$$

El espíritu de "enfoque equivocado"[9]

El problema de falta de gratitud

Para poder renovar la mente hay que entender la diferencia entre:

- Hecho y Verdad[10]
- Circunstancias y Realidad

El concepto de esperar

Renovando la Mente

El Ciclo de Creer-Experimentar[11]

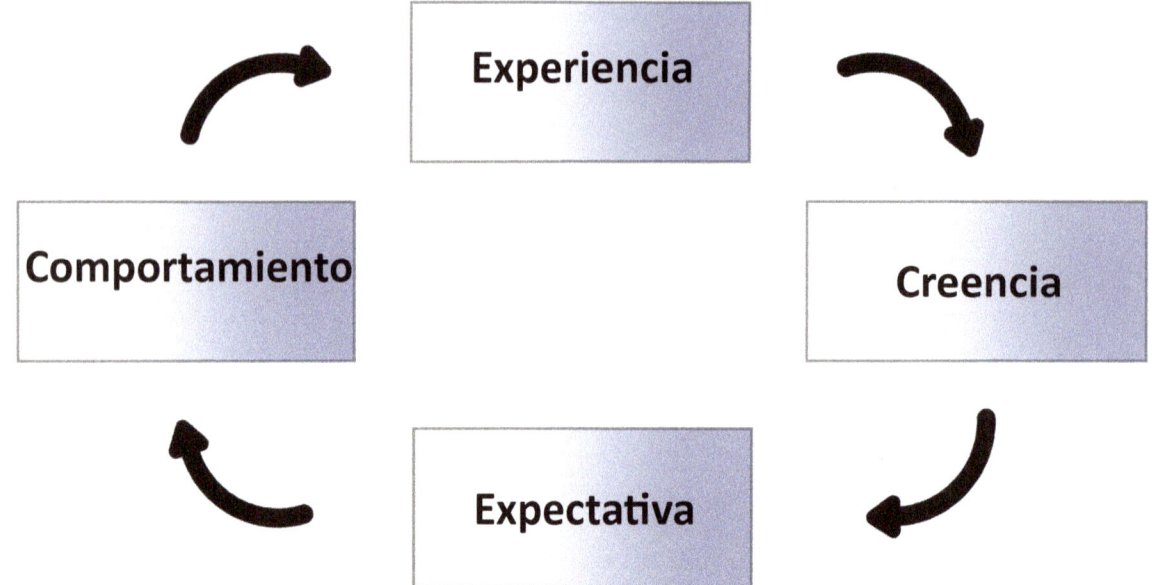

Sistema de Creer (escritor anónimo)[12]

Si aceptas una creencia
Cosechas un pensamiento

Si siembras un pensamiento
Cosechas una actitud

Si siembras una actitud
Cosechas un hábito

Si siembras un hábito
Cosechas un carácter

Si siembras un carácter
Cosechas un destino

Renovando la Mente

Notas:

Oración

Oración por las Creencias Erróneas[13]

1) Confieso mi pecado de haber creído la mentira que dice _____.

2) Perdono a todos que hayan contribuido a que yo desarrollara esta creencia.

3) Te pido, Señor, que me perdones por haber recibido esta creencia, por vivir mi vida basada en ella, y por todas las maneras que he juzgado a otros a causa de ella. Yo recibo tu perdón.

4) Basado en Tu perdón, Señor, me perdono a mi mismo por haber creído esta mentira.

5) Renuncio y rompo estar de acuerdo con esta creencia. Rompo mi contrato con las fuerzas del mal. Anulo todos los acuerdos que pueda haber hecho con los demonios.

6) Es mi decisión aceptar, creer y recibir la Creencia Proveniente de Dios que _____.

Las creencias de Dios deben ser breves, tratar solamente con el asunto principal, usar palabras positivas, y no ser tan "espirituales" que solamente se quedan en la mente de la persona y no llegan al corazón. Deben ser pertinentes y creíbles.

Renovando la Mente

Estas creencias erróneas son traducidas directamente de Restoring the Foundations[14]

MENTIRAS QUE CREO DE MI MISMA

Lee las siguientes declaraciones y marca con X las que te pertenecen. Ajusta las frases para que reflejen mejor como usted piensa o cree.

Tema: Rechazo, No pertenecer
____ 1. No pertenezco. Siempre estaré afuera, dejado de lado.
____ 2. Mis sentimientos no significan nada para nadie. A nadie le importa como me siento.
____ 3. Nadie me va a querer por como soy.
____ 4. Siempre seré un solitario. El hombre (la mujer) especial para en vida nunca estará para apoyarme.
____ 5. _____

Tema: Indignidad, Culpabilidad, Vergüenza
____ 1. No soy digno de recibir nada de Dios
____ 2. Soy el problema. Cuando algo va mal, es por mi culpa.
____ 3. Soy mala persona. Si realmente me conocieras, me rechazarías.
____ 4. Tengo que enmascararme para que nadie sepa lo malo que soy.
____ 5. He fallado tanto que he perdido lo mejor de Dios para mi.
____ 6. _____

Tema: Actuando para lograr Autoestima, Valor o Reconocimiento
____ 1. Nunca obtendré crédito por lo que hago.
____ 2. Mi valor se encuentra en lo que hago. Tengo valor porque hago bien a otros.
____ 3. Aun cuando hago mi mejor esfuerzo, no es suficiente. Nunca puedo alcanzar el estándar.
____ 4. A Dios no le importa si tengo "una vida secreta", mientras que parezca una buena persona.
____ 5. _____

Tema: Control (para evitar dolor)
____ 1. Tengo que planear cada día de mi vida. Tengo que planificar/diseñar estrategias continuamente. No puedo relajarme.
____ 2. La vida perfecta es una en que no se permiten los conflictos y solo así hay paz.
____ 3. Voy a aislarme para no ser vulnerable al dolor, rechazo, etc. nunca mas.
____ 4. Elegiré ser pasivo para no entrar en conflicto y arriesgarme a que otros me desaprueben.
____ 5. _____

Tema: El Físico
____ 1. Soy poco atractivo/a. Dios ha sido injusto conmigo.
____ 2. Estoy destinado a tener ciertas discapacidades. Son parte de mi herencia.
____ 3. Es imposible adelgazar (o engordar). Estoy atascado.
____ 4. _____

Renovando la Mente

Rasgos de Carácter
____ 1. Siempre seré _____ (enojado, tímido, celoso, inseguro, temeroso, etc)
____ 2. Nunca seré _____ (agradable, amable, feliz, seguro, alegre, etc.)

Tema: Identidad
____1. Tendría que haber nacido niño_____ niña_____. Entonces mis padres me hubieran apreciado/amado mas.
____2. La vida es mejor para hombres _____ mujeres _____.
____3. No soy completo como hombre____ mujer____.
____4. Nunca seré reconocido ni apreciado por quien realmente soy.
____5. Nunca cambiaré ni llegaré a ser como Dios quiere.
____6. _____

Tema: Miscelánea
____1. Malgasté mucho tiempo y energía, algunos de mis mejores años.
____2. La vida problemática es normal para mi.
____3. Siempre tendré problemas financieras.
____4. Simplemente no tengo el (tiempo, energía, recursos, _____) para poder seguir a Dios plenamente.
____5. _____

Tema: Filiación
____1. Nadie me va a querer lo suficiente como para cuidarme.
____2. La gente no alcanza a mis estándares, así que tengo que hacer todo yo mismo.
____3. Es arriesgado someterme a otra persona.
____4. La mejor manera de sobrevivir es (____evitar,____apoderarse de) la gente.
____5. Soy victima de mis circunstancias y no hay esperanza de cambio.
____6. Soy solitario.
____7. Siempre tengo que ser fuerte para protegerme y defenderme a mi mismo.
____8. Soy defectuoso.
____9. Las personas significativas en mi vida nunca están y nunca estarán cuando las necesite.
____10. Nunca seré prioridad para los que tienen autoridad sobre mi.
____11. _____

MENTIRAS QUE CREO SOBRE OTROS:

Tema: Seguridad/Protección
____1. Tengo que ser muy cauteloso con lo que digo. Cualquier cosa que digo puede ser utilizado en mi contra.
____2. Tengo que guardar y esconder mis emociones y sentimientos.
____3. No puedo dar a ninguna persona la satisfacción de saber que me han herido o dañado. No seré vulnerable, humillado, ni avergonzado.
____4. _____

Renovando la Mente

Tema: Tomar Represalias
____1. La mejor manera de responder cuando alguien me ofende es castigarlos aislándome o alejándome de ellos .
____2. ¡Me aseguraré que _____ sufra tanto dolor como yo!
____3. _____

Tema: Victima
____1. Los que están en autoridad siempre me van a humillar y degradar.
____2. Siempre la gente me va a usar y abusar.
____3. Mi valor está totalmente basado en el juicio/percepción de la gente sobre mi.
____4. Estoy completamente bajo la autoridad de la gente. No tengo ninguna voluntad ni elección propia.
____5. Nunca seré tomado en cuenta, entendido, amado, ni apreciado por las personas cercanas a mi.
____6. _____

Tema: Desesperanza/Impotencia
____1. Estoy sólo. Si me meto en problemas o necesito ayuda, no hay nadie para rescatarme.
____2. He hecho un desastre de mi vida, no tiene sentido seguir adelante.
____3. _____

Tema: Defectuoso en Relaciones
____1. Nunca seré capaz de dar ni recibir amor plenamente. No conozco ese tipo de amor.
____2. Si permito que alguien se acerque a mi, puede ser que me rompa el corazón otra vez. No me puedo arriesgar.
____3. Si no te agrado, no recibiré tu aprobación ni tu aceptación.
____4. Tengo que esforzarme (perfeccionismo) y hacer lo que sea necesario para complacerte.
____5. _____

Tema: Dios
____1. Dios ama a otras personas más de lo que me ama a mi.
____2. Dios sólo me aprecia por lo que hago. Mi vida solamente es un medio para un fin.
____3. No importa cuanto me esfuerzo, nunca podré hacer tanto ni hacerlo suficientemente bien para agradar a Dios.
____4. Dios me juzga cuando me relajo. Tengo que mantenerme ocupado en Su obra o me abandonará.
____5. Dios me ha decepcionado antes. A lo mejor lo haga de nuevo. No le puedo confiar ni puedo sentirme seguro con El.

En la Vida Auténtica

Tratando con Puertas Abiertas
Resalte: **Rebelión**

Busca la raíz y no mires solamente el comportamiento. Después determina cual es "el otro lado".

Comportamiento	La Causa/Raíz	"El Otro Lado"
Enojo		
Rebelión		
Control		
Adicción		
Víctima		

Tratando con la Rebelión:

1Samuel 15:23 Porque la rebelión es como pecado de adivinación, y la desobediencia, como iniquidad e idolatría. Por cuanto has desechado la palabra del SEÑOR, El también te ha desechado para que no seas rey.

1Pedro 2:13-15 Someteos, por causa del Señor, a toda institución humana, ya sea al rey, como autoridad, o a los gobernadores, como enviados por él para castigo de los malhechores y alabanza de los que hacen el bien. Porque esta es la voluntad de Dios: que haciendo bien, hagáis enmudecer la ignorancia de los hombres insensatos.

Mateo 5:41 Y cualquiera que te obligue a ir una milla, ve con él dos.

La actitud que tienes hacia las autoridades es la actitud que tienes hacia Dios.

Filipenses 2:6 el cual, aunque existía en forma de Dios, no consideró el ser igual a Dios como algo a qué aferrarse,

Efesios 5:21 sometiéndoos unos a otros en el temor de Cristo.

Capítulo Ocho

La Conexión entre Vergüenza, el Miedo, y el Control

"Pensamientos Verdaderos" sobre Miedo e Incredulidad

Práctica:
Renovando la Mente

Capítulo 8
La Conexión entre Vergüenza, Miedo y Control

> Se puede comprar un conjunto de 3 CDs que provee mas enseñanza y ejercicios prácticos visitando www.rtfi.org

Dos Problemas Únicos de la Fortaleza de Vergüenza:
- *es la naturaleza de la vergüenza esconderse*
- *el acontecimiento que produjo vergüenza generalmente NO fue mi culpa*

Un Vistazo a la Vergüenza

¿Qué significa vergüenza?

>Chester y Betsy Kylstra dicen que la vergüenza declara: *"Soy defectuoso de manera única y sin esperanza."*[15]

¿De dónde proviene la vergüenza?

¿Cómo se manifiesta la vergüenza?

>Nuestra vergüenza nos programa de antemano como interpretar/reaccionar a nuestras circunstancias.

Un Testimonio de Sanidad Progresiva

Un testimonio:

>Ser sanado de vergüenza fue un proceso.
>Es importante encontrar la presencia de Dios en el trauma.
>
>**Salmos 27:10** Porque aunque mi padre y mi madre me hayan abandonado, el SEÑOR me recogerá.
>**Salmos 22:10** A ti fui entregado desde mi nacimiento; desde el vientre de mi madre tú eres mi Dios.

Vergüenza, Miedo y Control

Miedo y Control como Resultados de la Vergüenza

Lo que ocurre cuando reaccionamos de un núcleo de vergüenza:

1. Caminamos con MIEDO

    ¿Cómo se manifiesta esto?

> **CONFESAR MIS PECADOS NO DESTRUYE MI IDENTIDAD**

2. Caminamos en CONTROL

    Todo control es para protegerse

    ¿Cómo se manifiesta esto?

¿Qué pasa cuando una persona ya trató con la vergüenza pero no reconoció el miedo?

Hay que Tratar con Estas Fortalezas como un Conjunto

Tratando con esta "Súper" Fortaleza

Separa las fortalezas una de la otra, y trata con cada una por separado, empezando con la vergüenza.[16]

Cambia tu identidad falsa por una verdadera.

Vergüenza, Miedo y Control

Las Mentiras Básicas que Permiten la Fortaleza de Vergüenza, Miedo y Control[17]

©1994 Restoring the Foundations Publishing - usado con permiso

VERGÜENZA

Soy un error
Soy imperfecto
Soy malo
Estoy avergonzado
Soy defectuoso
"Estaba desnudo"

MIEDO

¿Que pasa cuando lo descubren?
¡No les voy a gustar!
¡Me rechazarán!
"Tuve miedo"

CONTROL

Controlaré todo para que no se enteren como soy realmente; así no me podrán herir y no sufriré daño ni dolor
"Me escondí"

Génesis 3:10

Vergüenza, Miedo y Control

Notas:

Capítulo 8

En la Vida Auténtica

> ## Tratando con Puertas Abiertas
> *Resalte:* **Miedo e Incredulidad**

"Pensamientos Verdaderos" sobre el Miedo

1Juan 4:18 En el amor no hay temor, sino que el perfecto amor echa fuera el temor, porque el temor involucra castigo, y el que teme no es hecho perfecto en el amor.

2 fuentes/ factores de motivación: Miedo o Amor

La cruz de Cristo es prueba suficiente que Dios es Bueno

¿Que hacemos con las emociones de miedo?

Pensamientos Verdaderos" sobre la Incredulidad

- *Conocimiento intelectual Vs. Fe*

    Incredulidad es: ¿Infidelidad, desleal?

- *Mira lo que está escrito en la lista de Puertas Abiertas bajo incredulidad*
- *Tengo que permitir que Dios sea más grande que yo (¡porque El es!)*
- *El problema de doble animo en la incredulidad*

Santiago 1:6-8 Pero que pida con fe, sin dudar; porque el que duda es semejante a la ola del mar, impulsada por el viento y echada de una parte a otra. No piense, pues, ese hombre, que recibirá cosa alguna del Señor, siendo hombre de doble ánimo, inestable en todos sus caminos.

- *Fe es saltar sin saber a donde nos vamos a aterrizar*
- *Cuando empezamos a razonar en vez de obedecer operamos en la infidelidad*

Capítulo Nueve

Sanando Heridas/ Memorias del Pasado

Práctica:
Heridas del Pasado

Capítulo 9 — Sanando Heridas/Memorias

¡Es Posible Ser Sanado!

Salmos 34:18 Cercano está el SEÑOR a los quebrantados de corazón, y salva a los abatidos de espíritu.

Salmos 147:3 sana a los quebrantados de corazón, y venda sus heridas.

Isaías 61:1 El Espíritu del Señor DIOS está sobre mí, porque me ha ungido el SEÑOR para traer buenas nuevas a los afligidos; me ha enviado para vendar a los quebrantados de corazón, para proclamar libertad a los cautivos y liberación a los prisioneros;

Salmos 23:3 El restaura mi alma; me guía por senderos de justicia por amor de su nombre.

> **Memorias que no han sido sanadas todavía guardan dolor (aunque no lo sientas).**

Dios a menudo sana memorias específicas tanto como memorias representativas.

Una memoria que no ha sido sanada puede tener una unión con una creencia errónea o una falta de perdón o un juicio, etc.

Los hechos no cambian - pero si cambian nuestra paz, entendimiento, nuestras respuestas etc.

Dios Es Eterno, y Está Fuera del Tiempo. Es Omnipresente

Hebreos 13:8 Jesucristo es el mismo ayer y hoy y por los siglos.

Salmos 139:7-10 ¿Adónde me iré de tu Espíritu, o adónde huiré de tu presencia?
Si subo a los cielos, he aquí, allí estás tú; si en el Seol preparo mi lecho, allí estás tú.
Si tomo las alas del alba, y si habito en lo más remoto del mar, aun allí me guiará tu mano, y me asirá tu diestra.

Sandando Heridas/Memorias

> **La Biblia nos instruye que derramemos nuestros corazones delante de Dios. Si guardamos emociones negativas, bloquean nuestra sanidad. No dejes que la vergüenza, el miedo ni el control impidan de que seas genuino.**

Salmos 62:8 Confiad en El en todo tiempo, oh pueblo; derramad vuestro corazón delante de El; Dios es nuestro refugio. (Selah)

Una creencia errónea es que los creyentes no deben expresar emociones negativas - y con esta creencia equivocada llega el temor a las consecuencias perjudicadas en la expresión de emociones negativas.

Notas:

_____
_____
_____
_____
_____
_____
_____
_____
_____
_____

Sandando Heridas/Memorias

Le Dije a Dios que Estaba Enojada[18]

por Jessica Shiver (traducido)

Le dije a Dios que estaba enojada; Pensé que le sorprendería.
Pensé que guardaría mi rencor de manera sutil.

Le dije al Señor que lo odiaba; Le dije que yo estaba dolida.
Le dije que Él no es justo; que Él me ha tratado como basura.

Le dije a Dios que estaba enojada; pero soy yo la que está
    sorprendida;
"Yo lo supe todo el tiempo" Dijo Él, "Por fin te has dado cuenta".

"Por fin reconociste lo que verdaderamente está en tu corazón:
Era la deshonestidad, no el enojo, que nos mantenía separados.

Aun cuando me odias, no dejo de amarte.
Pero antes de que puedas recibir aquel amor, debes confesar la
    verdad.

Al contarme de la ira que en realidad sientes, la ira ha perdido su
    poder sobre ti, permitiéndote sanar."

Le dije a Dios 'lo siento', y Él me perdonó.
La verdad que estaba enojada - por fin me liberó.

Oración

Proceso de Ministrar

- Oración de sumisión
- Invita al Espíritu Santo que revele la memoria que Él quiere sanar
    - La primera memoria que Él quiere sanar
        - o la que contiene la raíz o punto de comienzo de _____.
    - Aclara la memoria por medio de preguntas.
    - Anima al quien recibe ministración que comparta lo que oye/ve/siente. Anímale a "mantenerse" en la memoria.
    - Solo tratas una memoria a la vez.
    - Es posible que tendrás que atar algunos espíritus: por ejemplo: bloqueo de la mente, confusión, control, etc.
- Expresa las emociones - derrama tu corazón delante de Dios.
    - Es posible que necesites perdonar y/o pedir perdón.
    - Está vigilante a los problemas (creencias erróneas, votos, maldiciones) y decide si los tratarás de inmediato o luego.
- Invita a Jesús que entre a la memoria. Pregúntale como El quiere sanar la herida.
    - Dale tiempo suficiente para traer sanidad.
    - Nunca le digas a Jesús o al compañero de ministración lo que debe hacer.
    - No <u>pienses</u> en la sanidad, escucha al Espíritu Santo y recibe. Está alerta por el espíritu del control.
    - Si "Jesús" no esta de acuerdo con el carácter de Dios o si sientes algo malo en tu espíritu: dile al que recibe la ministración: "pídele a Jesús que doble la rodilla delante del Nombre de Jesús y declare que Jesús es Señor."
- Pregunta a Jesús si hay algo más que quiere decir/hacer.
- Vuelve a la memoria para determinar si todavía causa dolor.

Capítulo Diez

Opresión Demoníaca

Práctica:
Opresión Demoníaca
Todas las Puertas Abiertas

Capítulo 10 — Opresión Demoníaca

Como Tratar con los Demonios

Tratando con los Demonios: Pensamientos Esenciales

1. Posición

Efesios 2:6 y con El nos resucitó, y con El nos sentó en los lugares celestiales en Cristo Jesús,

Efesios 1:20-22 el cual obró en Cristo cuando le resucitó de entre los muertos y le sentó a su diestra en los lugares celestiales, muy por encima de todo principado, autoridad, poder dominio y de todo nombre que se nombra, no sólo en este siglo sino también en el venidero. Y todo sometió bajo sus pies, y a El lo dio por cabeza sobre todas las cosas a la iglesia,

2. Victoria

1Corintios 15:57-58 pero a Dios gracias, que nos da la victoria por medio de nuestro Señor Jesucristo. Por tanto, mis amados hermanos, estad firmes, constantes, abundando siempre en la obra del Señor,

1Juan 5:4 Porque todo lo que es nacido de Dios vence al mundo; y esta es la victoria que ha vencido al mundo: nuestra fe.

Apocalipsis 12:11 Ellos lo vencieron por medio de la sangre del Cordero y por la palabra del testimonio de ellos, y no amaron sus vidas, llegando hasta sufrir muerte.

Filipenses 1:28 de ninguna manera amedrentados por vuestros adversarios, lo cual es señal de perdición para ellos, pero de salvación para vosotros, y esto, de Dios.

Romanos 16:20 Y el Dios de paz aplastará pronto a Satanás debajo de vuestros pies.

3. Autoridad

Mateo 10:1 Entonces llamando a sus doce discípulos, Jesús les dio poder sobre los espíritus inmundos para expulsarlos y para sanar toda enfermedad y toda dolencia.

Mateo 28:18-19 Y acercándose Jesús, les habló, diciendo: Toda autoridad me ha sido dada en el cielo y en la tierra. Id, pues, y haced discípulos de todas las naciones, bautizándolos en el nombre del Padre y del Hijo y del Espíritu Santo,

Marcos 3:15 y para que tuvieran autoridad de expulsar demonios.

4. Poder (no fuerza)

1Juan 4:4 Hijos míos, vosotros sois de Dios y los habéis vencido, porque mayor es el que está en vosotros que el que está en el mundo.

Romanos 1:16 Porque no me avergüenzo del evangelio, pues es el poder de Dios para la salvación de todo el que cree; del judío primeramente y también del griego.

5. Filiación

Isaías 54:17 Ningún arma forjada contra ti prosperará, y condenarás toda lengua que se alce contra ti en juicio. Esta es la herencia de los siervos del SEÑOR, y su justificación viene de mí declara el SEÑOR.

Opresión Demoníaca

5. Filiación (cont.)

Proverbios 26:2 Como el gorrión en su vagar y la golondrina en su vuelo así la maldición no viene sin causa.

1Pedro 3:9 no devolviendo mal por mal, o insulto por insulto, sino más bien bendiciendo, porque fuisteis llamados con el propósito de heredar bendición.

2 Crónicas 20:21-22 Josafat se puso en pie y dijo: Oidme, Judá y habitantes de Jerusalén, confiad en el SEÑOR vuestro Dios, y estaréis seguros...Designo a algunos que cantaran al SEÑOR y a algunos que le alabaran...y que dijeran: Dad gracias al SEÑOR porque para siempre es su misericordia. Y cuando comenzaron a entonar cánticos y alabanzas, el SEÑOR puso emboscadas contra los hijos de Amón, de Moab, y del monte Seir, que habían venido en contra Judá, y fueron derrotados.

La Clave de 'Mi Casa' [19]

Mateo 12:44-45 Entonces dice: "Volveré a mi casa de donde salí"; y cuando llega, la encuentra desocupada, barrida y arreglada. Va entonces, y toma consigo otros siete espíritus más depravados que él, y entrando, moran allí; y el estado final de aquel hombre resulta peor que el primero. Así será también con esta generación perversa.

Nuestra Tarea

Jesús vino para traer vida y destruir las obras del diablo. Tenemos la comisión de echar fuera los demonios.

Juan 10:10 El ladrón sólo viene para robar y matar y destruir; yo he venido para que tengan vida, y para que la tengan en abundancia.

1Juan 3:8 El que practica el pecado es del diablo, porque el diablo ha pecado desde el principio. El Hijo de Dios se manifestó con este propósito: para destruir las obras del diablo.

Marcos 16:17 Y estas señales acompañarán a los que han creído: *en mi nombre echarán fuera demonios.*

Puntos Importantes

1. La persona tiene que ser creyente.
2. Si se manifiesta un espíritu, podemos mandarlo a callar y prohibir las manifestaciones excesivas; al decirle a la persona que tome control de su cuerpo.
3. Es imperativo que tengamos la cooperación de la persona - tiene que desear ser libre.
4. Podemos atar un espíritu, pero no debemos echarlo fuera si sus derechos legales no se han tratado.
5. Debemos mandar a que todos los demonios/espíritus se separen el uno del otro.
6. ESTAR SEGUROS QUE SE HAN TRATADO TODAS LAS PUERTAS ABIERTAS -especialmente la falta de perdón, los votos, las maldiciones, el pecado personal y generacional.

Oración

Tratando con Opresión Demoníaca

En el nombre de Jesús, renuncio el espíritu de _____ .
Rompo el poder/esclavitud de este espíritu en mi vida.
Tomo autoridad sobre los demonios y expulso el espíritu _____ y ordeno que los demonios salgan de mi presencia ahora mismo – en El Nombre de Jesús y por Su sangre derramada en la cruz.

Ordeno que todos los demonios se vayan a donde Jesús diga y que no vuelvan.
Doy gracias a Jesús.

Ruego que me llene con El Espíritu Santo.

Opresión Demoníaca

Notas:

Capítulo Once

Semana de Modelo

Práctica:
Heridas del Pasado

Capítulo 11 — El Modelo

Entendiendo el Modelo Completo

Tiempo de Enseñanza reemplazado por Observación

El Modelo

Notas:

Capítulo Doce

Claves para Caminar en Victoria

Cap. 12 Claves para Caminar en Victoria

Como Llevarlo a Cabo

No Esperar la Perfección

1Juan 3:12 Amados, ahora somos hijos de Dios y aún no se ha manifestado lo que habramos de ser. Pero sabemos que cuando El se manifieste seremos semejantes a El porque le veremos como El es.

* Recuerda: camina en la gracia
* Camina en esperanza y expectativa

No vamos a conquistar toda la tierra en un solo día.
PROCLÁMALO HASTA QUE LO VEAS

No Nos Promete que las Cosas Serán Fáciles

1Pedro 1:7 para que la prueba de vuestra fe, más preciosa que el oro que perece, aunque probado por fuego, sea hallada que resulta en alabanza, gloria y honor en la revelación de Jesucristo.

Juan 16:33 Estas cosas os he hablado para que en mí tengáis paz. En el mundo tenéis tribulación; pero confiad, yo he vencido al mundo.

Santiago 1:2 Tened por sumo gozo, hermanos míos, el que os halléis en diversas pruebas

Romanos 8:1 Por consiguiente, no hay ahora condenación para los que están en Cristo Jesús,

Romanos 8:18 Pues considero que los sufrimientos de este tiempo presente no son dignos de ser comparados con la gloria que nos ha de ser revelada.

Romanos 8:28 Y sabemos que para los que aman a Dios, todas las cosas cooperan para bien, esto es, para los que son llamados conforme a su propósito.

Recuerda Donde Está la Batalla-
Recuerda Quien Es Tu Fuente

TODO LO QUE ÉL ES - YO SOY

Gálatas 5:16 Digo, pues: Andad por el Espíritu, y no cumpliréis el deseo de la carne.

Efesios 6:13 Por tanto, tomad toda la armadura de Dios, para que podáis resistir en el día malo, y habiéndolo hecho todo, estar firmes.

Claves para Andar en Victoria

Caminar con la Garantía de Victoria

Recuerda la fuente de tu vida

1Pedro 5:7-9 echando toda vuestra ansiedad sobre El, porque Él tiene cuidado de vosotros. Sed de espíritu sobrio, estad alerta. Vuestro adversario, el diablo, anda al acecho como león rugiente, buscando a quien devorar. Pero resistidle firmes en la fe, sabiendo que las mismas experiencias de sufrimiento se van cumpliendo en vuestros hermanos en todo el mundo.

Dios es poderoso

Judas 1:24 Y a aquel que es poderoso para guardaros sin caída y para presentaros sin mancha en presencia de su gloria con gran alegría

Filipenses 1:6 estando convencido precisamente de esto: que el que comenzó en vosotros la buena obra, la perfeccionará hasta el día de Cristo Jesús.

**Recuerda: tú no puedes, pero Él sí puede.
Él viene por una novia SIN MANCHA.**

Caminar en Gratitud

1Tesalonicenses 5:18 dad gracias en todo, porque esta es la voluntad de Dios para vosotros en Cristo Jesús.

Eclesiastés 3:11 El ha hecho todo apropiado a su tiempo. También ha puesto la eternidad en sus corazones; sin embargo, el hombre no descubre la obra que Dios ha hecho desde el principio hasta el fin.

Romanos 5:10 Porque si cuando éramos enemigos fuimos reconciliados con Dios por la muerte de su Hijo, mucho más, habiendo sido reconciliados, seremos salvos por su vida.

ORACIONES

Oración

Oración:
Pecado Personal y de las Generaciones Pasadas

1) Confieso el pecado de mis ancestros, mis padres, y mi propio pecado de _____ _____.

2) Confieso específicamente que he pecado en esta manera: _____.
(Pide que Dios te revele como/cuando empezó y cuales son/fueron las consecuencias.)

3) Me arrepiento de este pecado. Me arrepiento por haber recibido el espíritu de _____. Te pido que me perdones, Señor, por este pecado, por rendirme ante ello y a las maldiciones resultantes.

4) **Recibo tu perdón. Te doy gracias por haberme perdonado. Basado en Tu perdón, Señor, es mi decisión perdonarme a mi mismo por involucrarme en este pecado.

5) Elijo perdonar a mis antepasados y desatarlos del pecado, las maldiciones, y las consecuencias de los mismos en mi vida. Perdono a   (nombre) , por   (la ofensa) , que me hizo sentir _____ , y me costó_____. Suelto esta persona y lo pongo en las manos de Dios y desde ahora no tendré ninguna acusación contra de él/ella.
(Pide que el Espíritu Santo te revele quien tienes que perdonar. ¿Quién fue un modelo de este pecado en tu vida? ¿Quién trajo este pecado a tu vida? ¿Puedes entregar el dolor a Jesus? Renucncia los jucios que tienes en contra de la persona que estás perdonando.)

6) Renuncio al pecado y las maldiciones de _____. Rompo este poder en mi vida, y en las vidas de mis descendientes en el Nombre de Jesús. (a través de la obra redentora de Cristo en la cruz.)

7) Recibo la libertad de Dios de este pecado y de las maldiciones resultantes. Gracias, Señor, que en lugar de este pecados Tú me das _____. ¡Lléname!

**Si estás trabajando con un compañero sustituye lo siguiente por #5

Oración del compañero: (nombre de la persona), La Palabra de Dios nos promete que "si confesamos nuestros pecados, El es fiel y justo para perdonarnos los pecados y para limpiarnos de toda maldad." Así que, declaro en el Nombre de Jesús, que estás completamente perdonado. ¿Recibes el perdón de Dios? Te perdonas a ti mismo?[3]

Oración

Oración para Romper El Juicio

1) Confieso mi pecado y pido que me perdones por haber juzgado a_____ al pensar/sentir o decir que_____.

2) Perdono a_____por cualquier "hecho"/ofensa que contribuyó a mis juicios.

3) Ya no estoy de acuerdo con este juicio. Lo odio y lo renuncio. Rompo y destruyo el poder/derecho legal que di al enemigo para llevar a cabo los efectos de este juicio.

4) Gracias por la cruz de Cristo y su sangre derramada. Tomo la cruz de Cristo y la pongo entre los juicios y ____. También la pongo entre los juicios yo mismo.

5) Libero al Espíritu Santo para que ministre a la necesidad que tiene la otra persona que es la raíz de su comportamiento. Libero sanidad.

6) Recibo sanidad para mi mismo.

Oración

Oración de Sumisión y Renuncia de Ataduras Impías del Alma

Me someto completamente a la autoridad del Señor Jesucristo. Confieso y renuncio toda conexión/atadura del alma, tanto emocional, espiritual, como sexual no proveniente de Dios. Pido que me perdones todos los pecados que resultaron en estas conexiones. Recibo este perdón y me perdono a mi mismo/a. Gracias por perdonarme y limpiarme.

Rompo/desato las ataduras del alma con_____. Lo/la perdono.
Me libero de el/ella y lo/la libero de mí.
Recibo de vuelta las cosas que le di (sean específicos).
Devuelvo las cosas que recibí (sean específicos).
Renuncio a los pactos que hice.
Pido que esa persona llegue a ser todo que Tú has destinado que sea y también yo llegue a ser todo que Tú has destinado que yo sea.

Renuncio y rompo toda atadura del alma no proveniente de Dios y rompo cada autoridad que di a los demonios. Ato todos los poderes de oscuridad que vinieron a través de esta unión y les ordeno ir a donde Jesús diga.

Pongo la sangre de Cristo entre mi persona y cada persona mencionada. Renuncio a cada demonio enviado para mantener estas ataduras del alma.

Señor, limpia mi mente y mis emociones. Llena estas áreas con tu presencia y Espíritu Santo.
Gracias por haberme restaurado íntegramente.

Oración

Oración por las Creencias Erróneas

1) Confieso mi pecado de haber creído la mentira que dice _____.

2) Perdono a todos que hayan contribuido a que yo desarrollara esta creencia.

3) Te pido, Señor, que me perdones por haber recibido esta creencia, por vivir mi vida basada en ella, y por todas las maneras que he juzgado a otros a causa de ella. Yo recibo tu perdón.

4) Basado en Tu perdón, Señor, me perdono a mi mismo por haber creído esta mentira.

5) Renuncio y rompo estar de acuerdo con esta creencia. Rompo mi contrato con las fuerzas del mal. Anulo todos los acuerdos que pueda haber hecho con los demonios.

6) Es mi decisión aceptar, creer y recibir la Creencia Proveniente de Dios que

   _____.

Las creencias de Dios deben ser breves, tratar solamente con el asunto principal, usar palabras positivas, y no ser tan "espirituales" que solamente se quedan en la mente de la persona y no llegan al corazón. Deben ser pertinentes y creíbles.

Oración

Proceso de Ministrar

- Oración de sumisión
- Invita al Espíritu Santo que revele la memoria que El quiere sanar
    - La primera memoria que El quiere sanar
        - o la que contiene la raíz o punto de comienzo de _____.
    - Aclara la memoria por medio de preguntas.
    - Anima al quien recibe ministración que comparta lo que oye/ve/siente.
        - Anímale a mantenerse "en la memoria."
    - Solo tratas una memoria a la vez.
    - Es posible que tendrás que atar algunos espíritus: por ejemplo: bloqueo de la mente, confusión, control, etc.
- Expresa las emociones - derrama tu corazón delante de Dios.
    - Es posible que necesites perdonar y/o pedir perdón.
    - Está vigilante a los problemas (creencias erróneas, votos, maldiciones) y decide si los tratarás de inmediato o luego.
- Invita a Jesús que entre a la memoria. Pregúntale como El quiere sanar la herida.
    - Dale tiempo suficiente para traer sanidad.
    - Nunca le digas a Jesús o al compañero de ministración lo que debe hacer.
    - No <u>pienses</u> en la sanidad, escucha al Espíritu Santo y recibe. Está alerta por el espíritu del control.
    - Si "Jesús" no esta de acuerdo con el carácter de Dios o si sientes algo malo en tu espíritu: dile al que recibe la ministración: "pídele a Jesús que doble la rodilla delante del Nombre de Jesús y declare que Jesús es Señor."
- Pregunta a Jesús si hay algo más que quiere decir/hacer.
- Vuelve a la memoria para determinar si todavía causa dolor.

Oración

Tratando con Opresión Demoníaca

En el Nombre de Jesús, renuncio el espíritu de _____ .
Rompo el poder/esclavitud de este espíritu en mi vida.
Tomo autoridad sobre los demonios y expulso el espíritu _____ y ordeno que los demonios salgan de mi presencia ahora mismo – en El Nombre de Jesús y por Su sangre derramada en la cruz.

Ordeno que todos los demonios se vayan a donde Jesús diga y que no vuelvan.
Doy gracias a Jesús.

Ruego que me llene con El Espíritu Santo.

Puertas Abiertas

LAS PUERTAS ABIERTAS EN LAS PÁGINAS SIGUIENTES SON TRADUCIDAS DE RESTORING THE FOUNDATIONS [20]

PUERTAS ABIERTAS

"A" refiere a los antepasados. "T" refiere a 'Tu'. Marca con un "x" en la fila debajo de "A" si crees que algún miembro de su familia estaba involucrado en este tipo de puerta abierta. Si algo pertenece a ti personalmente marca debajo de "T" usando la letra "P" indicado pasado y "A" si está activa el tu vida hoy día.

A T

___ ___ **ABANDONO**
___ ___ Abdicación
___ ___ Intimidad bloqueada
___ ___ Deserción
___ ___ Divorcio
___ ___ Abandono emocional
___ ___ Aislamiento
___ ___ Soledad
___ ___ Desatender
___ ___ No ser querido
___ ___ Rechazo
___ ___ Auto-lástima
___ ___ Separación
___ ___ Desprotegido

___ ___ **ADICCIONES/ DEPENDENCIAS**
___ ___ Alcohol
___ ___ Cafeína excesiva
___ ___ Computadoras/Internet
___ ___ Barbitúricos/Anfetaminas
___ ___ Comida
___ ___ Juego
___ ___ Marihuana
___ ___ Masturbación
___ ___ Nicotina
___ ___ Drogas sin receta
___ ___ Obsesiva/Compulsiva
___ ___ Gastos excesivos
___ ___ Pornografía
___ ___ Drogas con receta
___ ___ Sexo
___ ___ Medicamento para dormir
___ ___ Deporte
___ ___ Drogas recreativas
___ ___ Televisión
___ ___ Video juegos

___ ___ **AMARGURA**
___ ___ Acusación
___ ___ Echando culpa
___ ___ Queja
___ ___ Condenación
___ ___ Crítica
___ ___ Chismorrear
___ ___ Juzgar
___ ___ Murmurar
___ ___ Estar ofendido
___ ___ Burlarse
___ ___ Difamación
___ ___ Falta de perdón

A T

___ ___ **ANSIEDAD**
___ ___ Carga
___ ___ Responsabilidad falsa
___ ___ Cansancio
___ ___ Impaciencia
___ ___ Nerviosismo
___ ___ Ataques de pánico
___ ___ Inquietud
___ ___ Estrés
___ ___ Agotamiento
___ ___ Preocupación
___ ___ _____
___ ___ _____
___ ___ _____

___ ___ **ASUNTOS DE IDENTIDAD**
___ ___ Bisexual
___ ___ Confusión
___ ___ Varones afeminados
___ ___ Emos
___ ___ Confusión de identidad concerniente al sexo
___ ___ Goth
___ ___ Homosexualidad
___ ___ Lesbianismo
___ ___ Perdida de identidad
___ ___ Marimachos
___ ___ Decepción de sí mismo
___ ___ Auto-odio
___ ___ Transgénero
___ ___ Transexual
___ ___ Travestí
___ ___ _____
___ ___ _____

___ ___ **BURLARSE**
___ ___ Blasfemar
___ ___ Maldecir
___ ___ Cinismo
___ ___ Riéndose
___ ___ Blasfemia
___ ___ Mofarse
___ ___ Sarcasmo
___ ___ Desprecio
___ ___ _____
___ ___ _____
___ ___ _____
___ ___ _____
___ ___ _____

A T

___ ___ **CONTROL**
___ ___ Anorexia
___ ___ Pacificación
___ ___ Bulimia
___ ___ Cortarse
___ ___ Negarse
___ ___ Mandón
___ ___ Atascamiento doble
___ ___ Habilitar
___ ___ Responsabilidad falsa
___ ___ Control femenino
___ ___ Celos
___ ___ Manipulación
___ ___ Control Masculino
___ ___ Control por Ocultismo
___ ___ Pasivo agresivo
___ ___ Pasividad
___ ___ Posesivo
___ ___ Orgullo (soy el que más sabe)
___ ___ Egoísmo
___ ___ Intrigas
___ ___ A través del enojo
___ ___ A través del miedo
___ ___ A través de la intimidación
___ ___ A través de tratamiento silencioso
___ ___ A través de amenazas
___ ___ A través de alejarse
___ ___ Brujería
___ ___ _____

___ ___ **DECEPCIÓN**
___ ___ Ceguera
___ ___ Trampa
___ ___ Confusión
___ ___ Negar
___ ___ Delirio
___ ___ Fraudulencia
___ ___ Confusión de identidad concerniente al sexo
___ ___ Infidelidad
___ ___ Justificando
___ ___ Mintiendo
___ ___ Minimizar
___ ___ Ingenuidad
___ ___ Secretismo
___ ___ Auto-decepción
___ ___ Traición
___ ___ Engaño
___ ___ Falta de credibilidad
___ ___ _____

A T

DEPENDENCIA EMOCIONAL
___ ___ Codependencia
___ ___ Habilitar
___ ___ Responsabilidad falsa
___ ___ Invirtiendo el rol de padres
___ ___ _____
___ ___ _____

DEPRESIÓN
___ ___ Abatimiento
___ ___ Desilusión
___ ___ Desesperación
___ ___ Desaliento
___ ___ Tristeza
___ ___ Desesperanza
___ ___ Miseria
___ ___ Sueño excesivo
___ ___ Lástima de sí mismo
___ ___ Intento de suicidio
___ ___ Fantasías de suicidio
___ ___ Alejarse
___ ___ _____
___ ___ _____
___ ___ _____
___ ___ _____

DESATENDER
___ ___ Amor condicional
___ ___ Falta de afirmación
___ ___ Falta de comunicación
___ ___ Falta de ánimo
___ ___ Falta de apoyo
___ ___ Falta de intimidad
___ ___ Falta de amor
___ ___ Falta de criar
___ ___ Falta de protección
___ ___ Falta de seguridad
___ ___ _____
___ ___ _____
___ ___ _____

EMOCIONES ATADAS
___ ___ Emociones bloqueadas
___ ___ Emociones obstaculizadas
___ ___ Entumecimiento
___ ___ Emociones suprimidas
___ ___ _____
___ ___ _____
___ ___ _____

A T

ENFERMEDADES
___ ___ Alergias
___ ___ Artritis
___ ___ Asma
___ ___ Esterilidad/Aborto espontáneo
___ ___ Problemas de los huesos
___ ___ Cáncer
___ ___ Problemas con circulación
___ ___ Demencia
___ ___ Diabetes
___ ___ Cansancio
___ ___ Problemas femeninos
___ ___ Problemas del corazón
___ ___ Problemas con las articulaciones
___ ___ Problemas pulmonares
___ ___ Esclerosis múltiple
___ ___ Migrañas
___ ___ Anormalidades físicas
___ ___ Problemas de sinusitis
___ ___ Problemas de dientes/ encías
___ ___ Virus
___ ___ _____
___ ___ _____
___ ___ _____
___ ___ _____

ENOJO
___ ___ Abandono
___ ___ Desilusión
___ ___ Intolerancia
___ ___ Irritabilidad
___ ___ Disputas
___ ___ Frustración
___ ___ Odio
___ ___ Hostilidad
___ ___ Asesinato
___ ___ Castigo
___ ___ Furia
___ ___ Resentimiento
___ ___ Represalias
___ ___ Venganza
___ ___ Mimado/Mimada
___ ___ Rabietas
___ ___ Violencia
___ ___ _____
___ ___ _____
___ ___ _____

A T

ESCLAVITUD SEXUAL
___ ___ Adulterio
___ ___ Sexo con animales
___ ___ Bisexuales
___ ___ Sexo usando Internet
___ ___ Ensuciedad
___ ___ Sexo con demonios
___ ___ Estar expuesto/indefenso
___ ___ Lujuria de fantasía
___ ___ Fornicación
___ ___ Frigidez
___ ___ Homosexualidad
___ ___ Ilegitimidad
___ ___ Incesto
___ ___ Incubus
___ ___ Lesbianismo
___ ___ Masoquismo
___ ___ Masturbación
___ ___ Pedófilo
___ ___ Perversión
___ ___ Pornografía
___ ___ Sexo antes de casarse
___ ___ Promiscuidad
___ ___ Prostitución
___ ___ Violación
___ ___ Sadismo
___ ___ Súcubo
___ ___ Inmundicia
___ ___ Voyeurismo
___ ___ _____
___ ___ _____

FRACASO
___ ___ Ciclo de éxito/fracaso
___ ___ Derrota
___ ___ Pérdida
___ ___ Actuar
___ ___ Presión de ser exitoso
___ ___ Esforzarse
___ ___ Destino incumplido
___ ___ _____

FUGARSE
___ ___ Apatía
___ ___ Evasión
___ ___ Ocuparse
___ ___ Sonar despierto
___ ___ Fantasías
___ ___ Olvidadizo
___ ___ Esconder
___ ___ Desesperanza
___ ___ Indiferencia
___ ___ Aislamiento
___ ___ Pereza
___ ___ Sueño excesivo
___ ___ Pasividad
___ ___ Demora
___ ___ Fantasías de suicidio
___ ___ Trance

A T

IDOLATRÍA DE
- Apariencias
- Belleza
- Hijos
- Ropa
- Enseñanza
- Intelectualismo
- Ministerio
- Dinero
- Oficio
- Profesión
- Posesiones
- Poder
- Posición social
- Deporte
- Esposo/a
- Riqueza
- _____
- _____
- _____

INCREDULIDAD
- Inquietud
- Cinismo
- Doble Animo
- Duda
- Temor a equivocarse
- Intelectualismo
- Bloqueo de mente
- Desconfianza
- Racionalismo
- Escepticismo
- Sospecha
- Incertidumbre
- _____
- _____
- _____

INDIGNIDAD
- Insuficiencia
- Inferioridad
- Inseguridad
- Auto-acusación
- Auto-condenación
- Cohibido
- Auto-odio
- Auto-Castigo
- Auto-sabotaje
- _____
- _____
- _____

A T

MIEDO
- Ansiedad
- Desconcierto
- Carga
- Acoso
- Pesadez
- Horror
- Intimidación
- Hipersensibilidad
- Paranoia
- Fobia
- Superstición
- Terror
- Timidez
- Atormentarse
- Preocuparse
- Temor de los autoridades
- Temor de abuso
- Temor de estar sólo
- Temor de ser atacado
- Temor de ser victima
- Temor a equivocarse
- Temor de conflicto
- Temor de morir
- Temor de demonios
- Temor de estar expuesto
- Temor de fracasar
- Temor de el futuro
- Temor de Ataque cardíaco
- Temor de insuficiencia
- Temor de enfermedades
- Temor de intimidad
- Temor de aparentar estúpido
- Temor de perder control
- Temor de perdida
- Temor del hombre
- Temor de casarse
- Temor de actuar
- Temor de pobreza
- Temor del castigo
- Temor del rechazo
- Temor de insuficiencia sexual
- Temor de sumisión
- Temor de éxito
- Temor al desconocido
- Temor de violencia
- _____
- _____
- _____
- _____
- _____

A T

MUERTE
- Abadón (Apo 9:11)
- Aborto
- Accidentes
- Encargo de muerte
- Deseo de muerte
- Pérdida del destino
- Sueños con la muerte
- Aborto espontáneo
- Asesinato
- Muerte prematura
- Suicidio
- Intento de suicidio
- Fantasías de suicidio
- _____
- _____

ORGULLO
- Nunca me equivoco
- Arrogancia
- Presunción
- Egotismo
- Altivez
- Leviatán
- Prejuicio
- Egocentrismo
- Soberbia
- Creendose siempre correcto
- Superioridad
- Sabelotodo
- Presunción
- _____
- _____
- _____
- _____

PENA/DUELO
- Angustia
- Llanto
- Desesperación
- Desilusión
- Congoja
- Esperanza aplazada
- Aislamiento
- Perdida
- Dolor
- Remordimiento
- Tristeza
- Tormento
- _____
- _____

A T

___ ___ **PROBLEMAS FINANCIEROS**
___ ___ Bancarrota
___ ___ Engaño
___ ___ Avaricia
___ ___ Deuda
___ ___ Fraude
___ ___ Delincuencia
___ ___ Deshonestidad
___ ___ Fracaso
___ ___ Envidia
___ ___ Acumulación extrema
___ ___ Idolatría por lo material
___ ___ Ganancia ilegitima
___ ___ Gasto irresponsable
___ ___ Fracasos en el empleo
___ ___ Perdida del empleo
___ ___ Tener necesidad
___ ___ Perdida de herencia
___ ___ Amor al dinero
___ ___ Desatender
___ ___ Pobreza
___ ___ Robando a Dios (no dando el diezmo)
___ ___ Ambición egoísta
___ ___ Robo
___ ___ Tacañería
___ ___ _____
___ ___ _____
___ ___ _____

___ ___ **PROBLEMAS MENTALES**
___ ___ ADD/ADHD
___ ___ Enfermedad de Alzheimer
___ ___ Trastorno bipolar
___ ___ Confusión
___ ___ Distracción
___ ___ Olvido
___ ___ Alucinaciones
___ ___ Histeria
___ ___ Locura
___ ___ Atascamiento de la mente
___ ___ Bloqueo de mente
___ ___ Mente acelerada
___ ___ Obsesivo compulsivo
___ ___ Paranoia
___ ___ Esquizofrenia
___ ___ Senilidad
___ ___ Trastorno de Estrés
___ ___ _____
___ ___ _____
___ ___ _____
___ ___ _____

A T

___ ___ **REBELIÓN**
___ ___ Confusión
___ ___ Desprecio
___ ___ Decepción
___ ___ Desafío
___ ___ Deshonor
___ ___ Desobediencia
___ ___ Independencia
___ ___ In-subordinación
___ ___ Desconfianza
___ ___ Resistencia
___ ___ Autosuficiencia
___ ___ Auto-dependencia
___ ___ Terquedad
___ ___ Obstinación
___ ___ Socavar
___ ___ Insumiso
___ ___ _____

___ ___ **RECHAZO**
___ ___ Rechazo esperado
___ ___ Rechazo Indirecto
___ ___ Rechazo percibido
___ ___ Auto rechazo

___ ___ **RELIGIÓN**
___ ___ Anticristo
___ ___ Traición
___ ___ Denominacionalismo
___ ___ División
___ ___ Reglas excesivas
___ ___ Hipocresía
___ ___ Injusticia
___ ___ Legalismo
___ ___ La Nueva Era
___ ___ Fariseísmo
___ ___ Religiosidad
___ ___ Control Religioso
___ ___ Aparentmiento Religioso
___ ___ Orgullo espiritual
___ ___ Tradicionalismo
___ ___ Mentalidad de hacer obras
___ ___ _____

___ ___ **RENDIMIENTO**
___ ___ Comparación
___ ___ Competencia
___ ___ Codiciar
___ ___ Obligación
___ ___ Envidia
___ ___ Celos
___ ___ Complacer a la gente
___ ___ Perfeccionismo
___ ___ Ser posesivo
___ ___ Rivalidad
___ ___ Esforzarse
___ ___ Adicción al trabajo
___ ___ _____

A T

___ ___ **SIN MOTIVACIÓN**
___ ___ Irresponsabilidad
___ ___ Falta de disciplina
___ ___ Pereza
___ ___ Demora
___ ___ Desidia
___ ___ _____
___ ___ _____
___ ___ _____
___ ___ _____

___ ___ **TRAUMA**
___ ___ Abuso emocional
___ ___ Abuso mental
___ ___ Abuso físico
___ ___ Abuso sexual
___ ___ Abuso espiritual
___ ___ Abuso verbal
___ ___ Accidentes
___ ___ Divorcio
___ ___ Encarcelamiento
___ ___ Perdida
___ ___ Trastorno de estrés pos traumático
___ ___ Violación
___ ___ Torturar
___ ___ Violencia
___ ___ Guerra
___ ___ _____
___ ___ _____
___ ___ _____

___ ___ **VERGÜENZA**
___ ___ Enojo
___ ___ Niño/niña malo/a
___ ___ Ser diferente
___ ___ Desgraciado
___ ___ Avergonzado
___ ___ Culpabilidad
___ ___ Odio
___ ___ Humillación
___ ___ Ilegitimidad
___ ___ Inferioridad
___ ___ Lamento
___ ___ Auto-acusación
___ ___ Auto-condenación
___ ___ Auto-odio
___ ___ Auto-lastima
___ ___ Pecados sexuales
___ ___ _____
___ ___ _____
___ ___ _____

LIBERTAD: ESTILO DE VIDA

TODO A CONTINUACIÓN SON PUERTAS ABIERTAS DEL OCULTISMO

A T
VICTIMIZACIÓN
- ___ ___ Abandono
- ___ ___ Traición
- ___ ___ Control
- ___ ___ Deportación
- ___ ___ Atrapado
- ___ ___ Impotencia
- ___ ___ Desesperanza
- ___ ___ Desconfianza
- ___ ___ Pasividad
- ___ ___ Predador
- ___ ___ Prejuicio
- ___ ___ Auto-lástima
- ___ ___ Mentalidad de esclavo
- ___ ___ Sospecha
- ___ ___ Trauma
- ___ ___ Infidelidad
- ___ ___ _____

VIOLENCIA
- ___ ___ Abuso
- ___ ___ Disputar
- ___ ___ Reñir
- ___ ___ Crueldad
- ___ ___ Maldiciones
- ___ ___ Muerte
- ___ ___ Destrucción
- ___ ___ Discutir
- ___ ___ Odio
- ___ ___ Excesivamente estricto
- ___ ___ Homicidio/Aborto
- ___ ___ Represalia
- ___ ___ Contienda
- ___ ___ Tormenta/Mutilación
- ___ ___ Guerra
- ___ ___ _____

VIVIR COMO HUÉRFANO
- ___ ___ Desconectado
- ___ ___ Descontento
- ___ ___ Insatisfecho
- ___ ___ Sin Padre
- ___ ___ Sin Hogar
- ___ ___ Ilegitimidad
- ___ ___ Impaciencia
- ___ ___ Inconsistente
- ___ ___ Falta de Identidad
- ___ ___ Falta de Pertenecer
- ___ ___ Nómada
- ___ ___ Inquietud
- ___ ___ Búsqueda
- ___ ___ Inestabilidad
- ___ ___ _____

A T
OCULTISMO
- ___ ___ Aborto (Moloc)
- ___ ___ Espíritu de Absalón
- ___ ___ Propenso a accidentes
- ___ ___ Espíritu de Acab
- ___ ___ Espíritus de animales
- ___ ___ Anticristo
- ___ ___ Proyección astral
- ___ ___ Escritura automática
- ___ ___ Behemot
- ___ ___ Magia negra
- ___ ___ Clarividencia
- ___ ___ Invocación
- ___ ___ Bola de cristal
- ___ ___ Muerte, suicidio
- ___ ___ Adoración de demonios
- ___ ___ Enviando demonios
- ___ ___ Adivinación
- ___ ___ Meditación oriental
- ___ ___ Ebano
- ___ ___ PES
- ___ ___ Mal de ojo
- ___ ___ Dones Falsos
- ___ ___ Prediciendo el futuro
- ___ ___ Francmasonería
- ___ ___ Leyendo Manos
- ___ ___ Análisis de la escritura
- ___ ___ Hechizar
- ___ ___ Horóscopos
- ___ ___ Hipnosis
- ___ ___ I Ching
- ___ ___ Idolatría de _____
- ___ ___ Palabras mágicas
- ___ ___ Jezebel
- ___ ___ Leviatán
- ___ ___ Médium
- ___ ___ Telepatía
- ___ ___ Nigromancia
- ___ ___ Exorcismo no Cristiano
- ___ ___ Libros de ocultismo
- ___ ___ Control de ocultismo
- ___ ___ Entregar al ocultismo
- ___ ___ Víctima de ocultismo
- ___ ___ Tablero de Ouija
- ___ ___ Leyendo las manos
- ___ ___ Leyendo el péndulo
- ___ ___ Curaciones psíquicas
- ___ ___ Pitón
- ___ ___ Leyendo hojas de té
- ___ ___ Reencarnación
- ___ ___ Adoración de Satanás

A T
OCULTISMO (a continuación)
- ___ ___ Sesiones de Espiritismo
- ___ ___ Hechicería
- ___ ___ Hechizos
- ___ ___ Espíritu de Baccus (Mardi Gras)
- ___ ___ Guías espirituales
- ___ ___ Espiritismo
- ___ ___ Superstición
- ___ ___ Moviendo mesas
- ___ ___ Cartas de tarot
- ___ ___ Tercer ojo
- ___ ___ Meditación trascendental
- ___ ___ Trance
- ___ ___ Vampiro
- ___ ___ Vudú
- ___ ___ Adivinando por agua
- ___ ___ Hombre lobo
- ___ ___ Magia blanca
- ___ ___ Wicca
- ___ ___ Brujería
- ___ ___ _____

ALGUNA VEZ USTED:
- ___ ___ Participó en el rito de "Bloody Mary"
- ___ ___ Hizo un hechizo
- ___ ___ Bebió sangre u orina
- ___ ___ Escuchó música violenta "rap"
- ___ ___ Tenía joyería de Masones
- ___ ___ Tenía joyería del oculto
- ___ ___ Tenía libros del ocultismo
- ___ ___ Tenía libros de brujería
- ___ ___ Tenía amuletos paganos
- ___ ___ Escuchó voces (por favor defina-los)
- ___ ___ Escuchó "Mátate"
- ___ ___ Se unió a un aquelarre
- ___ ___ Jugó a Dragones y mazmorras
- ___ ___ Hizo un pacto con sangre
- ___ ___ Hizo un voto o juramento con sangre
- ___ ___ Participó en artes marciales
- ___ ___ Vio un sacrificio
- ___ ___ Vio demonios
- ___ ___ Vio películas de horror
- ___ ___ Elijo un gurú
- ___ ___ Uso mantras
- ___ ___ Visitó templos paganos
- ___ ___ Visitó cementerios de los Indios

FUE LA FAMILIA INVOLUCRADO EN:

A   T

___ ___ La iglesia "Armstrong radio"
___ ___ Baha'i
___ ___ Budismo
___ ___ Búfalos
___ ___ Cristadelfianos
___ ___ Sociedad de educación cristiana
___ ___ Ciencia cristiana
___ ___ Hermandades de la universidad
___ ___ Cofradías de la universidad
___ ___ Hijas de la estrella oriental
___ ___ Hijas del Nilo
___ ___ DeMolay Lodge
___ ___ Druidas
___ ___ Eagles Lodge
___ ___ Religiones orientales
___ ___ Edgar Cayce
___ ___ Elks Lodge
___ ___ Foresters
___ ___ Grange
___ ___ Hari Krishna
___ ___ Hinduismo
___ ___ Ritos del oculto de los Indios
___ ___ Movimiento por la paz interior
___ ___ Islam
___ ___ Testigos de Jehová
___ ___ Hijas de Job
___ ___ Kabbalah
___ ___ Ku Klux Klan
___ ___ Caballeros de Colón
___ ___ Caballeros de Malta
___ ___ Caballeros de Pythias
___ ___ Caballeros Templar

A   T

___ ___ Mardi Gras
___ ___ Masones
___ ___ Moonies
___ ___ Moose Lodge
___ ___ Mormonismo
___ ___ Orden mística de los profetas velados del reino encantado
___ ___ Movimiento de Nueva Era
___ ___ Odd Fellows Lodge
___ ___ Orange Lodge
___ ___ Cruz Roja
___ ___ Niñas arco iris
___ ___ Rebekah's Lodge
___ ___ Reiki
___ ___ Ciencia religiosa
___ ___ Jinetes de la túnica roja
___ ___ Rosacrucianismo
___ ___ Santeria
___ ___ Satanismo
___ ___ Cienciología
___ ___ Shamanismo
___ ___ Shriners
___ ___ Control del mente Silva
___ ___ Espiritualismo
___ ___ Swedenborgianismo
___ ___ Teosofía
___ ___ Iglesia Unitaria
___ ___ Vudú
___ ___ El Camino Internacional
___ ___ Santuario blanco
___ ___ Brujería
___ ___ Leñadores del Mundo
___ ___ _____
___ ___ _____

Notas Finales

Notas Finales

1. The Grace Life Conference (Association of Exchanged Life Ministries, 1999),24.
2. Kylstra, Chester and Betsy, Ministry Tools, 3rd Edition (Hendersonville, NC, Restoring the Foundations Publishing, 2009) 32.
3. Egli, Jim, Encounter God Manual (Houston, TX, TOUCH Publications, 1999), 50.
4. Hunter, Joan, Joan Hunter Ministries, Pinehurst, TX. (taken from a conference teaching)
5. Strong, James, Strong's Exhaustive Concordance (1890).
6. cf Frost, Jack, Spiritual Slavery to Spiritual Sonship (Shippensburg, PA, Destiny Image Publishers, Inc., 2006) 39-44
7. Campbell, Ross, MD, How to Really Love Your Teenager (Colorado Springs, CO, Chariot Victor Publishing, 1981,1993) 73.
8. Thurman, Dr. Chris, The Lies We Believe (Nashville, TN, Thomas Nelson, Inc., 1989) 55-57.
9. Frangipane, Francis, The Three Battlegrounds (Cedar Rapids, IA, Arrow Publications, 1989) 48.
10. Kylstra, Chester and Betsy, Ministry Tools, 44.
11. ibid, page 43.
12. ibid, page 45.
13. ibid, page 45.
14. Kylstra, Chester and Betsy, Restoring the Foundations, My Story Application, www.rtfi.org, (2013), pages 10-11.
15. Kylstra, Chester and Betsy, Restoring the Foundations, 2nd Edition (Hendersonville, NC, Restoring the Foundations Publishing, 2001) 354.
16. Kylstra, Chester and Betsy, Shame-Fear-Control Stronghold Three CD Teaching Set (Hendersonville, NC, Restoring the Foundations Publishing, 1996-2011)
17. Kylstra, Chester and Betsy, Restoring the Foundations, 2nd Edition, 355.
18. Shiver, Jessica, Time of Singing (1989)
19. Bottari, Pablo, Encourager Church, Houston TX. (taken from a ministry training lecture)
20. Kylstra, Chester and Betsy, Restoring the Foundations, My Story Application, www.rtfi.org, (2013), pages 15-19.

www.ingramcontent.com/pod-product-compliance
Lightning Source LLC
Chambersburg PA
CBHW061929290426
44113CB00024B/2850